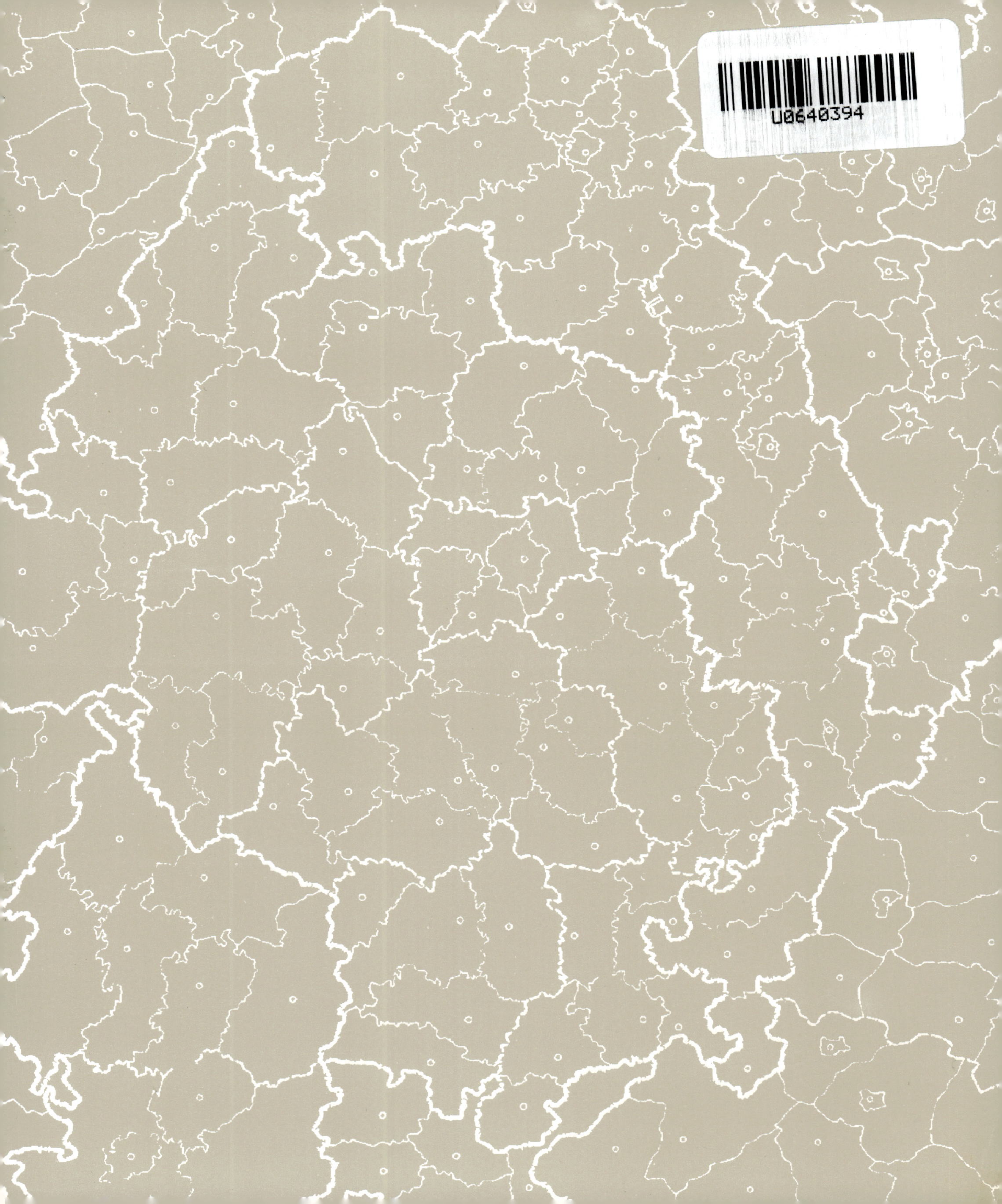

SUPERJUNIOR的韩国游记 上

凡例

带有AR标志的图片，如果您使用手机下载“SUPERJUNIOR'S EXPERIENCE KOREA”的APP，便可以看到动态视频。

（*AR视频支持ANDROID OS 4.1，IPHONE4S以上系统。）

슈퍼주니어's 익스피리언스 코리아

SUPERJUNIOR的韩国游记 上

首尔 / 江原道 / 全罗道

【韩】SUPERJUNIOR 著
李欣爱　颜青 译

江苏美术出版社

01 首尔

TRAVELER **KangIn**

我是土生土长的首尔人，首尔对我来说并不陌生，但是我并没有正式地游过首尔。这次和晟敏一起一边旅行，一边发掘首尔不一样的魅力，发现了首尔未曾见过的样子。

TRAVELER **SungMin**

一边感受首尔市中心原本沉寂的韩屋风景一边度过了美好的闲暇时光。拍摄了一张唯一的黑白照片，亲手制作了花篮，尝到了强仁哥制作的甜点，也逛到了几条别致的街道。虽然和我一起走会有些慢，但你要不要开始一段奇妙的首尔旅行呢？

02 江原道

TRAVELER **DongHae**

和旅行地也有八字合不合之分吧？那么对我来说，江原道和我是情投意合的。韩国下雪最多的平昌，有轨道自行车和5日集市的旌善，咖啡之都江陵，雪岳山所在城市束草……这些光名字就很有名的地方都属于江原道。当然还有让人心情爽的东海岸！

TRAVELER **SiWon**

对爱旅行的人而言，江原道可以被称为"GIFT SET"。因为在那里，值得一看的、值得一吃的、值得一玩的和值得欣赏的实在太多。这次江原道之行便是"始源·东海见证下的GIFT SET"。除了介绍江原道有名的场所，还有不常被介绍的让人晕眩的人行天桥和高空飞索，东海岸冲浪！相信大家会像我一样陶醉于江原道。

TRAVELER **EunHyuk**

我们的旅行是成员们最羡慕的，因为我们度过的是充满美味的时光。全州的零食和韩式套餐，潭阳的大树冰淇淋，光州的年糕排骨还有泡菜！终于知道美食对于旅行来说多么重要了，每当回忆起那个味道的时候，就会想起曾经去过的地方。如果只有我一个人未免太自私了，很想和大家一起分享全罗道和忠清道的美味！

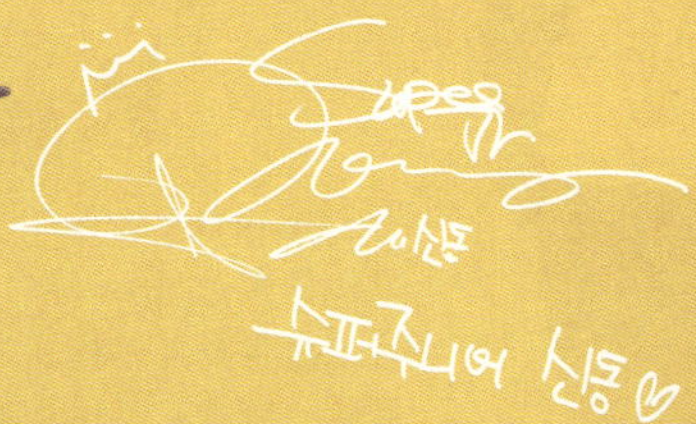

TRAVELER **ShinDong**

对我而言，我瞬间就记住了这次旅行的色彩。褐色的柱子和白色的墙壁构筑下的韩屋村，里面布满了黄色的银杏树和红色丹枫，石墙的美丽花纹映衬着橘红色柿子树和散发香气的木瓜树，还有秋意正浓的潭阳林荫路。眼里、心里充满了这美丽的自然色彩，好像不知不觉被治愈了。如果需要被治愈，不需要去很远的地方，请慢慢发现韩国角角落落里的治愈系风景吧！

01 济州岛

TRAVELER **LeeTeuk**

济州岛对急需要休息的我和厉旭来说，真是再合适不过了。映入眼帘的风景中突然出现一道绿宝石般的光芒，经过绿意盎然的森林，瞬间觉得沉重的肩膀和双腿都变得轻松无比。当然还有烤黑猪肉和新鲜的生鱼片，正因为有了济州美食，让我感到更幸福了。

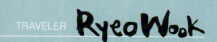

TRAVELER **RyeoWook**

你们知道我喜欢济州岛吗？自从几年前全家旅行来过一次以后，我便爱上了这里，并且很想再次来济州岛。这次和利特哥一起可以尽情享受济州岛的风光了，问我这次旅行怎么样？当然和以前一样非常愉快，我的恋济州岛症状真是越来越严重了。

02 庆尚道

TRAVELER **Yesung**

旅行是非常奇妙的事情，即使是从首尔来到遥远的庆尚道，也丝毫不觉得疲倦。庆州韩屋饭店后院青蛙的叫声让我心情舒畅，海云台海边夜晚的微风，让我心底涌起浪漫。即使面对第一次见到的食物，我也毫不担心地动了筷子，旅行就是有这样的魔力。这段时间我发现了更多的韩国魅力。

TRAVELER **SungMin**

从首尔出发，1个小时就可以到京畿道了，开始一段放松的旅行吧！采摘草莓、高空飞索、小法国村散步、龟岛露营等，不管你选择了哪项，你都不会失望的！

TRAVELER **KyuHyun**

在统营和釜山的时间，能够充分感知大海的魅力。为餐桌上的海鲜而着迷，在能看到海的小村落里散步，在海上体验快艇乐趣，骑海上自行车，晚上在海边散步等等，体验了好多曾经没有做过的事情。每一个瞬间都充满着惊喜，我将永远记住这次旅行。

TRAVELER **KangIn**

仁川新浦国际市场的美食真是多，因为和我关系很好的棒球手朋友经常提到这里，这次来到这里发现果真很棒。在这里，还有能亲自体会韩国近代文化的建筑，之前并不知道仁川这么有魅力。

CONTENTS 上

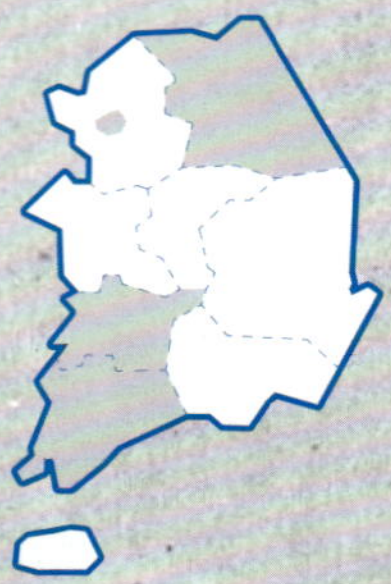

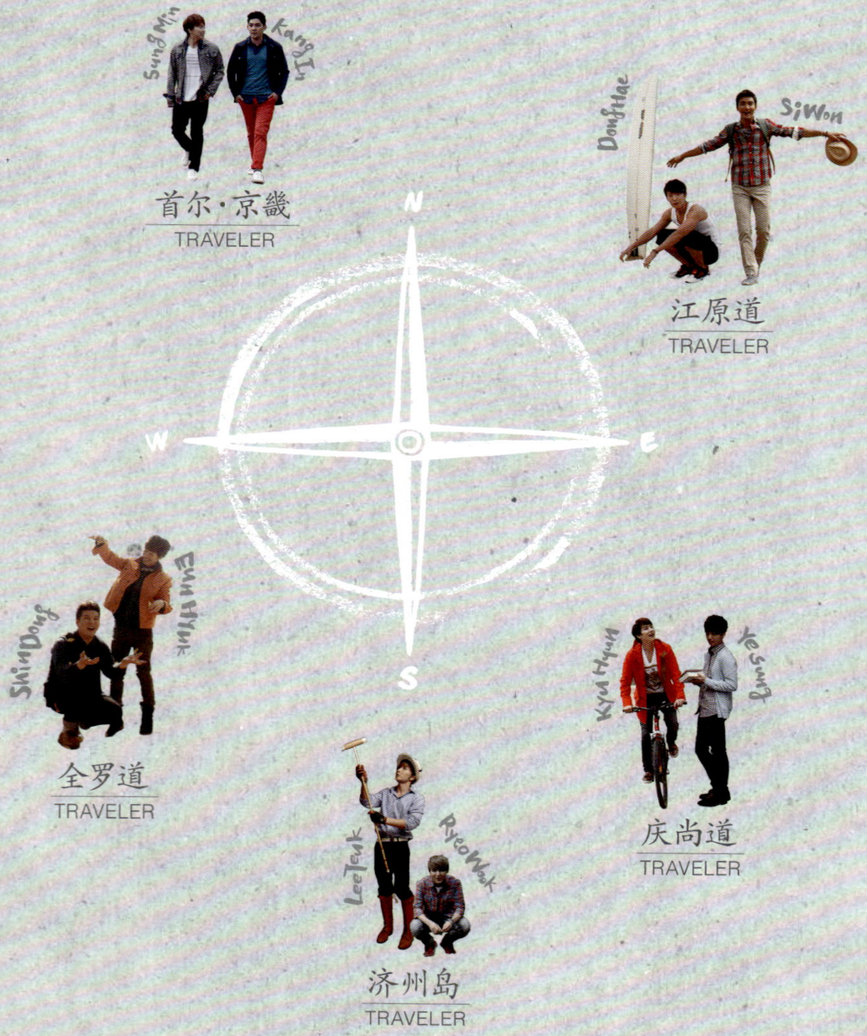
SungMin
KangIn
首尔·京畿
TRAVELER
DongHae
SiWon
江原道
TRAVELER
N
W
E
S
ShinDong
EunHyuk
全罗道
TRAVELER
KyuHyun
YeSung
庆尚道
TRAVELER
LeeTeuk
RyeoWook
济州岛
TRAVELER

01 首尔

02 江原道

03 全罗道

CONTENTS 下

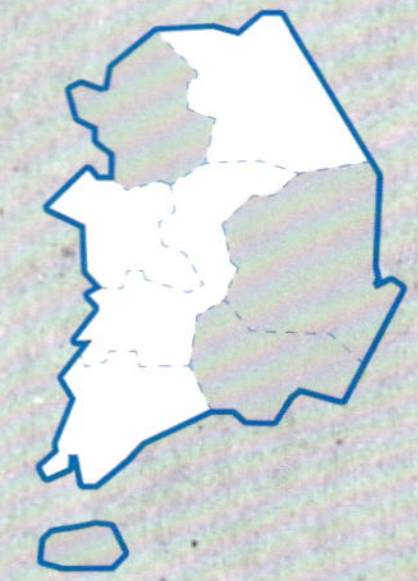

SungMin
KangIn
首尔·京畿
TRAVELER
DongHae
SiWon
江原道
TRAVELER
N
W
E
S
ShinDong
EunHyuk
全罗道
TRAVELER
KyuHyun
YeSung
庆尚道
TRAVELER
LeeTeuk
RyeoWook
济州岛
TRAVELER

01 济州岛

⓶ 庆尚道

03 京畿道

我们所要传达的首尔的主题是“传统和时尚”。
600年历史的首都遗留下的传统，在首尔的江北寻觅它们的痕迹。
PSY哥的《江南STYLE》让全球的目光都集中在了江南，在这里找寻大热的首尔时尚。

01

首尔

SEOUL

SUPERJUNIOR's EXPERIENCE KOREA

江北
江南

我和晟敏要介绍的地方是韩国的首都，首尔。
作为Super Junior的成员走遍全世界，最自豪的事情就是让地球的另一边也知晓“KOREA”。
这次的旅行非常幸运的是连首都首尔也包括在内。其实这是个秘密！
我们计划这次旅行并选定旅行地的时候，是用抽签来决定的。
抽完一看，竟是如此奇特的组合……
就连我们自己也很憧憬，会有一段很有意思的Behind story！

对于出生在首尔的我来说，首尔是一个多么熟悉的城市。比起“旅行”，用“家常”这个词来形容显得更为贴切。晟敏也是和我一样。所以，这次的旅行对于我们来说就更具意义。就让我们用陌生的视线来看看这熟悉的地方吧！
每天都要经过几次的汉江，在旅行者的眼里却是新奇的。其实一直都知道汉江上有水上巴士，却从没坐过。况且，要不是这次旅行，也体验不到喂海鸥这种平时享受不到的乐趣。宁静的下午，在北村林荫路上与路上那些潮人们一起漫步，还有长大之后就再也没有乘坐过的首尔缆车，现在就马上去逛逛，我们要尽情享受旅行的乐趣，首尔的每个地方都在等待着我们。
我们所要传达的首尔的主题是“传统”和“时尚”。600年历史的首都遗留下的传统，在首尔的江北寻觅它们的痕迹，PSY哥的《江南STYLE》让全球的目光都集中在了江南，在这里找寻大热的首尔时尚。穿越隔开江南江北的汉江，与我和晟敏一起乘坐时光机来体验这次旅行吧。

ENJOY

比起白天，
夜晚更美的弘大前

FEELING

让首尔一览无遗
的南山缆车

MAKING

世上独一无二的
晟敏花篮

TASTING

喝一杯亲手磨的
咖啡，愉快地享受
充满香气的下午

MAKING

要和我一起吃
草莓蛋挞吗

ENJOY

在游艇中
眺望首尔的
新发现

MAP & INFO

首尔是韩国经济、文化、艺术、政治的中心，饰演着东北亚商务中枢的角色。KTX和高速道路、地铁、机场等构成了便利的交通网，这里配备了亚洲最高标准的会议中心和竞技场等国际性都市必备的设施。另外，在召开的数不胜数的国际规模盛事中展现着自身的实力，逐渐奠定了日益增长的国际城市地位。首尔早在20世纪70年代就开始对江南地区集中性开发，使其高速发展。虽然首尔的面积还不到韩国国土的0.6%，却是50%以上的金融集中地，大部分优秀的大学也都在首尔。

首尔的面貌从江南和江北来看各有千秋。在江南地区，有具备亚洲最高水准的展览中心和会议中心的COEX，超高层建筑、IT工业园区等密集的三星洞和论岘洞，在新潮音乐声中愉快购物的林荫道和清潭洞等均是具有代表性的地方。江北地区是教育和文化的中心，可以感受到传统的韩国氛围。景福宫、德寿宫、南大门等万籁俱寂的场合都能感受到历史的重量，在南大门和东大门市场等传统市场又能窥探到首尔活泼的一面。

景福宫
江北
广藏市场
南山N首尔塔
水上巴士
63大厦
江南
林荫道
蚕室综合运动场

江北

THE NORTH OF THE HANRIVER

巴黎、伦敦、柏林、维也纳、布拉格等都是被江水滋润的都市。首尔之所以美丽不就是因为汉江嘛。汉江是流淌在首尔的分隔线，将江南与江北划分开来。沿着河道形成的都市北部地区是继承了首尔600年历史传统的地方，又是行政和教育的中心，饰演着如同首尔的心脏一样的角色。位于市中心的宗庙、昌德宫被列为世界文化遗产，展现出首尔往昔的华丽，光化门和市政府一带的报社、画廊、公演场等展现着进化中的首尔现状。

江北地区代表性的观光地是夜店文化的圣地——弘大前，公演文化的故乡——大学路，购物的天堂——明洞和东大门以及再次探索传统的仁寺洞和北村，然后再去市民广场光化门和市政府一带逛上一圈。

江北旅行推荐路线

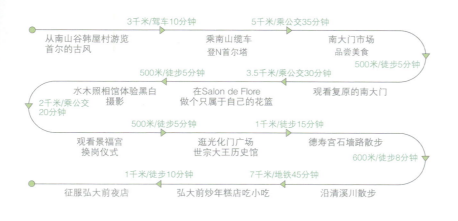

- 从南山谷韩屋村游览首尔的古风
- 3千米/驾车10分钟
- 乘南山缆车登N首尔塔
- 5千米/乘公交35分钟
- 南大门市场品尝美食
- 500米/徒步5分钟
- 观看复原的南大门
- 3.5千米/乘公交30分钟
- 在Salon de Flore做个只属于自己的花篮
- 500米/徒步5分钟
- 水木照相馆体验黑白摄影
- 2千米/乘公交20分钟
- 观看景福宫换岗仪式
- 500米/徒步5分钟
- 逛光化门广场世宗大王历史馆
- 1千米/徒步15分钟
- 德寿宫石墙路散步
- 600米/徒步8分钟
- 沿清溪川散步
- 7千米/地铁45分钟
- 弘大前炒年糕店吃小吃
- 1千米/徒步10分钟
- 征服弘大前夜店

ENJOY

#01

北村的下午，体验黑白照片

从前的北村是首尔富人们居住的典型的富人村。是因为这样吗？不知为什么就像是曾经居住过的地方一样，感觉非常亲切，哈哈！北村历史悠久，是一个发着光的地方。虽然小，却星星点点地聚集着很多珍贵的地方，因而受到新的瞩目。北村在首尔想要让外国人一定要去看一看的观光胜地中是数一数二的。在这样的北村，有一个不容易被发现的独特的体验地，拍黑白照片的地方。这是韩国唯一一家使用胶片相机拍摄黑白照片的地方，在这里可以拍一张只属于我的黑白照片。无论是谁都可以成为北村的模特。

这里是暗室，影像会
慢慢显化。

啊，碰巧有一对新婚夫妇在拍摄一组结婚照。
听说是为了拍摄照片，特意从澳大利亚过来的。
看着就非常的幸福。好羡慕啊～
普通婚纱照总让人感觉都差不多，如果能用底片
留下如此特别的婚纱照好像感觉更好。

有底片的照片就是用这么大的
大型照相机拍的。
哇，好神奇！

在灯箱上放上胶卷，
用放大镜仔细看，影像会活灵活现地显现出来。
这样虽能确认重点却无法影印，
只是为了确认画面而已。

在北村拍一张只属于我的黑白照片！

为了留下朦胧回忆的黑白照片体验

01 拍摄前用测光表测下光，然后设置相机就不用担心会曝光。

02 沉醉在帅气的姿势中。

03 在暗房中经历将底片用显影剂处理后晾干的现场制作。

04 在显影的底片照片中选择要影印的。

05 照片影印后用裁纸机裁剪照片。

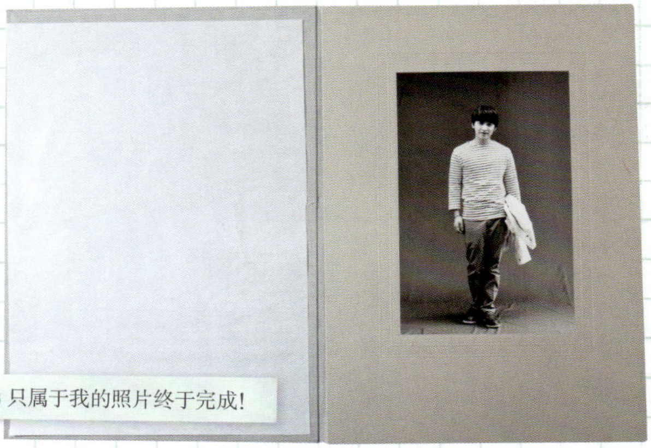

06 只属于我的照片终于完成！

水木照相馆

韩国唯一一家能体验传统黑白照片的地方。老旧的照相机，底片和影印出的旧照片等都有种犹如亲临博物馆的感觉。从结婚照到纪念日照片，想要留下特别的回忆的时候，去一下很不错。工作室开放式的通天顶棚透进的自然光也非常有感觉。在旁边的水木展览馆中，会不定期有各类作家的展览会，去浏览一番也是不错的选择。在水木照相馆中，还可以听有关胶片照相机和黑白照片的课程。

· ADD 首尔市钟路区桂洞街84-3
· TEL 02-798-2231
· WEB blog.naver.com/mulnamoo

ENJOY

#02

青春的港湾，艺术的集结地——弘大前

弘大前是赋予特殊意义的名字。原本是叫做弘益大学校前，如果比起地理位置的意义来，更多的是作为文化的意义来使用。和“江南style”对立的便是“弘大前style”，这地方一定是有什么独特性才会有这样的名字吧，所以我才找到了这里。这里是“比起白天，夜晚更美的地方”。白天的时候，弘大前充满和气融融的校园氛围，一到夜晚，弘大前就会变身为世界村，是个聚集了来自全世界各种青年人并能让他们狂欢一整夜的地方。我要不是Super Junior成员的话，我也许会在这地方玩通宵也说不定。

弘大前游乐场所

弘大前的游乐场所是弘大前的标志性地标。每天傍晚都会有街头艺人表演，也常会看到斗舞，从游乐场所上去的上坡路，有小贩在贩售各种各样的商品，从古董到手工制作应有尽有。周末的时候会举行公演或是其他活动，让游乐场所的气氛变得更加火热，这里没有舞台也没有座位，可以自由自在地沟通。

·ADD 弘大正门对面朝上坡路直行50米

停车场路

从游乐场所朝秀KTV往下走，一直到十字路口，左边的那条路就是停车场路。实际上是利用了公演停车场，在胡同的中央停车，两旁就开起了商店。弘大一带最繁华的路段，是服装店、咖啡店以及酒吧等各种各样商店的天堂。春天和秋天的时候，会召开很多类似Book Festival的活动。

·ADD 弘大前秀KTV方向直行50米

Experience Note

我也是
夜店咖

首尔的夜店文化集中在梨泰院、弘大前和江南。其中最受夜店咖追捧的地方要数弘大前了。那是因为低廉的入场费，一张门票在很多个公演场都可以使用。周五或是周末晚上9点左右，弘大前成排的夜店里不用占卡座，只要支付入场费，就能玩得很尽兴，要是想过一个既便宜又充满激情的周末，这里非常合适。要是找到放着HIPHOP、POP、电子乐等趣味相投的音乐的夜店，会变得更加兴奋吧。千万记得夜店门口是要检查身份证的。虽然不用着正装，但也要避免太过暴露引起别人的不适，只要穿着在镭射灯下显眼，或是装饰稍夸张的衣服就很酷了。在灯光下就算化着妖艳的妆容，作为夜店咖也不会觉得别扭。

梨泰院

CIRCUS

1楼是夜店，2楼是餐厅。能看到火辣辣的鸡尾酒调酒表演。不论是平日还是周末，总是有很多夜店咖前来捧场。闪光球将舞池的气氛推向高潮。这里每周末都会召开不同主题的活动。

· ADD 首尔市龙山区梨泰院路203
· TEL 02-3785-3080

MUTE

这里是以欧洲传统音乐为主基调的夜店。定期会有外国DJ的演出，是一间单纯跳舞的夜店。这里还原了二三十年代室内装潢的感觉。

· ADD 首尔市龙山区梨泰院路27街26
· TEL 02-796-6853

江南

OCTAGON

这里是值得炫耀的世界排名第12的夜店Octagon。传闻嘉宾阵容强大，这里的房间够大，适合召开小型的派对。出售披萨等简单的食物，备有吸烟区、游泳池等区域。

· ADD 首尔市江南区论岘路645newhilltop hotel地下
· TEL 02-516-8847

EDEN

这里是江南地区近期最火热的夜店之一。秉持着传统的夜店氛围，还会举行各种各样的活动。这里有韩国内屈指可数的国际级DJ，经常举办各种party。能享受到各种各样的气氛，还能看到镭射灯表演。男士禁止穿着拖鞋、运动服、领带、短裤等入场。

· ADD 首尔市江南区奉恩寺路120Ritz-Carlton hotel地下一层
· WEB www.eden-club.co.kr

弘大前

HAREM

最近新开的店，看上去相对比较整洁。舞池在1层，VIP包间设在2层，复式结构让1层和2层都能玩得很high。虽然也是周末和公休日前夜才营业，但在晚上10点前入场是免费的。

·**ADD** 弘大正门前极东广播电视台方向直行300米

NB1

NB是“noise basement”的缩写，这里只放HIPHOP音乐。要是想沉浸在传统的HIPHOP中，就去NB1吧。这里有若干个小舞池，但都是独立的，也不会感到不便。只在周末和公休日前夜营业。

·**ADD** 弘大正门前极东广播电视台对面直行300米

NB2

这里是弘大最有人气的夜店，晚上9点前NB2门前就排起长队，街上熙熙攘攘。平日也会开放，会播放所有流派的音乐，能让人没有负担地玩得很尽兴。复式的2楼是VIP包间，和1楼有楼梯相连。从晚上9点营业到第二天早上7点。

·**ADD** 弘大正门前极东广播电视台方向直行350米

釜山

FIX

超过1000平方米的规模是釜山最有名的夜店。超大型的LED屏幕更显华贵。平日和周末全都营业，无论何时都人山人海。并不是只有DJ和VJ的音乐，视觉上也会有不同的享受。可以欣赏到男女表演队天使与恶魔的演出，会开展giant party、scandal party、fullmoon party等主题派对。

·**ADD** 釜山市釜山镇区西川路10号街61Judies Tehwa8，9层
·**TEL** 154-8030
·**WEB** www.clubfixkorea.info

HIVE

这里是上演各种精彩不断地吧台秀和华丽的表演等地方。这里有高级的室内装潢和超震撼的音响设施，可以容纳4000人的规模。每一张桌子都有一个主题，平添了许多乐趣。从周四营业至周日。

·**ADD** 釜山市海云台区海云台海边路217grand hotel地下
·**TEL** 051-744-5337

GRID

这里是釜山最大规模的夜店。2～5层全部属于GRID，在3层还设有女性专用座位。这里经常在周末一大早就会开展各种活动和party。夜店是和酒店一起运营的。

·**ADD** 釜山市釜山镇区西面路10
·**TEL** 1588-7383
·**WEB** www.clubgrid.co.kr

ENJOY

#03

首尔的地标——南山塔

虽说徒步和乘公交都可以登上南山，但最令人兴奋的莫过于搭乘缆车了。虽然小的时候也乘过缆车，但长大后就再也没有坐过了。搭乘缆车可以将南山一览无遗，和徒步登山感受到的是完全不同的魅力。虽然一边散步一边欣赏园林也不错，但也不能跳过N首尔塔直接下来吧。不久前这里从南山塔更名为N首尔塔，强烈推荐N首尔塔的瞭望台！搭乘超高速电梯上去，首尔一览无遗的感觉完全不是盖的。爱情琐墙也很有趣，千万别错过。

那样就真像是在旅行一样。

乘缆车的话会超开心
的吧？

小的时候，我经常乘缆车，也经常乘游艇。

我们也找找那种气氛吧？

哥，把我拍得可爱点。

我没法挤眉弄眼，得摆个像男人的帅气Pose！

能看见那里的新罗酒店。晟敏啊，还能看到市政府呢！

是吗？我怎么看不太清啊。啊！那边能看到南大门。

因为乘了缆车，很快就到达了南山，
哥，上了这里的台阶就是N首尔塔了。

我们到N首尔塔这段距离别用走的了，跑吧？

好啊，石头剪刀布，赢的人先上台阶怎么样？
我已经上到很高了。我先走了！

晟敏啊，等我啊。怎么能先走啊！

这就是爱情锁啊，
强仁哥，我们也弄一个吧？
哈哈哈！

终于登上瞭望台了。晟敏啊，你也瞧瞧。
首尔真的一览无遗啊，用望远镜看的话
真的能看到我们的宿舍啊！

在N首尔塔前可以拍摄韩服纪念照。
穿上韩服拍照，是段多么美好回忆啊！

南山缆车

登上南山最方便的方法无非就是乘缆车。乘缆车大约5分钟左右就可以到达N首尔塔的入口。到南山3号隧道入口的竣工纪念塔搭乘电梯或者从明洞站3号出口出来，沿着太平洋酒店右边的路徒步大约10分钟也可以搭乘缆车。

- ·ADD 首尔市中区松坡路83
- ·TEL 02-753-2403
- ·PRICE 单程6000韩元，往返8000韩元
- ·WEB www.cablecar.co.kr

N首尔塔

N首尔塔是1969年为了播放TV和广播节目而建起的韩国首个传播塔。在海拔478米上建起的243米的塔，是首尔的标志性建筑。在塔顶能360度俯瞰首尔全景，不仅有可供观赏的瞭望台，还有着EN-GRILL, HANCOOK, THE PLACE DINING等的饭店、旗舰店、礼品店等。在这里，你会觉得时间完全不够用。在首尔塔广场上有媒体艺术，穿韩服体验等类似的活动可供体验。可以乘坐南山循环巴士或者搭乘缆车下山。

- ·ADD 首尔市龙山区南山公园路105
- ·TEL 02-3455-9277
- ·PRICE 瞭望台9000韩元，瞭望台+泰迪熊博物馆 14000韩元
- ·WEB www.nseoultower.com

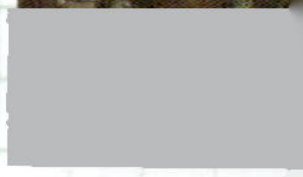

享受充满浪漫的南山约会

1

用N首尔塔的门票套票的票根以及瞭望台的搭乘券可以兑换爆米花和饮料。登上瞭望台，一边俯瞰首尔一边吃着爆米花，味道肯定和在电影院的不一样！

2

不论是和恋人还是和朋友，一起挂上爱情枷锁吧。多年后再次来到这里找寻的过程会很有趣。售票处就有卖各种各样的锁具。

3

在瞭望台给想念的人寄张明信片吧。
这里有各种各样的明信片和邮票套装。盛满心意的明信片可以从瞭望台直接寄出。

4

登上瞭望台之前，可以先去纪念品商店购买南山纪念品。
愉快的时间就可以从记忆变成回忆。

在N首尔塔瞭望塔入口处用明信片传达心意吧。

希望有一段愉快的旅行！

希望一切都是好的，永远幸福^^

MAKING

#01

今天我也是花匠

独自漫步逛到北村，首尔竟然还有这种地方啊！这条静谧的街道会让心沉淀下来。我开始好奇这个巷子里会生活着怎样的人呢。但凡是林立在街道两侧的店铺，都透露出一股浓郁的艺术气息。这是个与初次见面的人都能亲切握手的地方。我推开了其中一家花坊的玻璃门。平时很喜欢用花作为礼物，我要做一份的礼物送人，想想就很激动。先学一下，要是有喜欢的人了，就能当礼物了。

BY 晟敏

最近红色、黄色、紫色等颜色鲜艳的花比较流行，
在如此和煦的天气，
收到色彩缤纷的花，真的很美好。

花很讨喜，想对身边的人传达感谢之情的时候，
用花来当做礼物吧！

如果想要表达心意，用花做个花篮再好不过了。

明媚的色彩和满满的花香，
没有什么是能比它更能充分传达感动的礼物了。

怎么样？我头上戴的花，好看吧？哈哈哈！

要把花插进花泥里，花就要剪得比花泥高。
测量花泥的高度，差不多修剪到两个手指宽就行了。

啊！是把茎剪掉对吧？
原来是这样，要算好长度好好剪。

先从中间开始插，然后再插到外层。
但是如果修剪得太靠近花泥的话，会沾到湿气，花这样就没办法保存很久。

啊，原来是这样！我喜欢桉树叶。

大花朵和小花朵交替着插会更漂亮。
把象征春天的小苍兰一起插进去更漂亮噢。

One day class & 值得一去的小店

MANDMSAE

这里是专门经营金属工艺品的工坊兼商店。是出售工匠制作的各种金属制品的地方，曾获得Seoul Good Sign的金奖殊荣。可以花一天时间来体验亲手做戒指、项链之类的饰品和小东西等。

·ADD 首尔市钟路区桂洞街113　·TEL 02-747-2460

AYA

这里是在日本学的归来的设计师们开的手工制作帽子的商店兼工房。通过工匠的手，一针一线地制作出这世上独一无二的帽子。没有比手工制作更让人安心的了。一周一次，在aya工房里从基础开始稳扎稳打地学习制作帽子的方法。

·ADD 首尔市钟路区桂洞街93　·TEL 02-745-5422

MIK

这里是韩国唯一一家制作纽扣缝制饰品并出售的地方。平凡的纽扣缝在花花绿绿的衣服上，会让纽扣产生新的感觉。三成洞，tokyo omote商场都有零售店。

·ADD 首尔市钟路区桂洞街117　·TEL 02-704-0214　·WEB www.m-mik.com

为了special day的花篮

01 挑选喜欢的花朵。

02 将叶茎修剪到花泥以上的长度。

03 要小心不要伤到花朵，将叶茎插进花泥。

04 好好想一下色彩的搭配，挑选合适的花朵修剪叶茎。

05 在最先插的花旁边插上别的花。

06 用相同的方法将各种花插在合适位置。

07 把剪下的花放在花泥盒子上用胶带固定。

生平第一次做的花篮终于完工了。漂亮吧？超合心意的！想要献给女朋友！

SALON THE FLOR

位于北村桂洞街尽头中央高中附近。这里散发着设计师出身的花店老板自身的感性和小清新。也会有各种和北村相称的展览。这里会不定期开办基础课程，不妨轻轻松松地来上一天的课。

· ADD 首尔市钟路区桂洞街107　· TEL 02-745-5344

TASTING

#01

犯困的下午，在北村的咖啡馆享受一杯咖啡

在北村会感觉空中的云彩甚至是时钟都走得很缓慢。但我的肚子却准确无误地报了时。抛开只去正式的韩餐或是快餐店之类的先入为主的观念，这里是美食的天堂。丰厚的韩餐就不用说了，在这条胡同里，可以像找宝物一样找到比意大利当地都要好吃的pasta，蓝带学院出身的主厨制作的餐后甜点等各种美食也非常好吃。但比起其他的，让这里变有名的还是最近兴起的一两家咖啡店。据说这条略显冷清的小道，只有在午后才会显得生机勃勃。喜欢咖啡的我也亲身体验了一下手工烘焙咖啡。从烘咖啡豆到手工滴漏，我一定要像咖啡店员学习一下。

要来一杯我做的咖啡吗？

犯困的下午用咖啡的香气
让心情变得惬意!

悠闲的时光想要更加幸福的话
就用音乐来锦上添花吧！

滴漏咖啡
制作记

01 大铁锅生了火以后
放入闪着绿光的咖啡豆。

02 慢慢开始冒烟，
接着开始炒咖啡豆。

03 要将咖啡豆快速、
用力地翻炒才行。

04 将咖啡豆炒至棕色，
放置滤纸倒入滚烫的水。

05 水不能倒得很快，要慢慢地
转着圈倒。

06 让水全都进入咖啡杯里就算完成！

嗯，好香啊。
因为是我自己做的
感觉更香！
就是喝起来味道不怎么样。哈哈！

3 南大门市场有名的小吃

南大门市场

南大门市场离地铁会贤站的4，5，6号出口很近。南大门市场毋庸置疑是从出售进口商品到小吃等多样化商品的韩国最好的传统市场。从批发商人到普通的顾客，几乎人人都在忙碌着。在韩国观光领域中，南大门市场是不可错过的，购买韩流有关的饰品或食品的外国观光客达到了前所未有的盛况。

· ADD 首尔市中区南大门市场4路21
· TEL 02-753-2805

刀削面

从地铁会贤站5号出口出来，南大门市场入口眼镜店的左边有一个用塑料罩着的吊环门。往这个门的里面走，有一个卖刀削面的小巷，点刀削面的话还会免费赠送冷面。虽然这里人总是很多，让人感觉不是很舒适，但如果你去过之后，享受1+1的赠送服务并品尝过浓香的银鱼汤的话，一定还会再来这家店的。如果讨厌杂乱的地方，也可以去韩顺子奶奶家的刀削面店。

· TEL 02-773-2848
· PRICE 刀削面 5000韩元，大麦米拌饭、冷面5500韩元

传统蜜糖油饼

南大门市场中有一个以传统蜜糖油饼闻名的地方。从会贤站5号出口出来，进入南大门入口。在2号出口旁边的南大门市场公交停车站附近，也有一个传统蜜糖油饼店铺。从午饭时间开始，就能看到排着的长队。传统蜜糖油饼以油翻炸熟透的特征和馅多的长处获得了很多人气。

南大门蜜糖油煎饼店
· TEL 02-775-4954
· PRICE 蜜糖油饼一个1000韩元
海鲜蔬菜油饼、泡菜蔬菜油饼一个1500韩元

饺子

南大门市场有各种各样的饺子馆，可以根据个人喜好来选择。从普通的肉馅饺子、泡菜饺子，到红豆馅、和包子一样的饺子应有尽有，无论哪个都很美味。这家店深受人们欢迎，要在这家咖妹谷饺子店吃到饺子，要耐心等待10分钟才行。这家店的肉馅饺子可以选择辣味的和原味的。

咖妹谷饺子馆
· TEL 02-775-2569
· PRICE 肉馅饺子5个3000韩元

4 广藏市场有名的小吃

广藏市场

广藏市场被称为全韩国规模最大的综合销售市场，最近在电视里总能看到介绍有名小吃店的节目。在市场里像路边摊一样的的露天摊，发展到排成了一片的程度了。到了傍晚，渐渐变得更加繁华了，一到这个时候，连坐的地方都找不到。代表性的小吃有山药紫菜包饭、绿豆饼、米肠等。再逛逛那些出售海鲜、蔬菜、水果等多样化食用材料的市场，也挺有趣的。

· ADD 首尔市钟路区昌庆宫路88
· TEL 02-2269-8855
· WEB jkm.or.kr

绿豆饼

绿豆饼是广藏市场代表性的小吃。进入广藏市场，油香的味道瞬间扑鼻而来，那就是绿豆饼散发出的香美味道。油充分地在锅底旋转，再放上满满的豆芽和葱花。不大不小厚厚的很好吃。去品尝一下当场磨制的朴家绿豆饼吧。

朴家绿豆饼
· TEL 02-2267-0614
· PRICE 1人份5000韩元

米肠

广藏市场销售的米肠又粗又长。猪肠里放了很多的糯米和蔬菜，会稍微减弱米肠的筋道。在广藏市场，不仅能找到像这样足足有普通米肠两倍厚的米肠，还能找到猪蹄、宴会面条一起卖的店铺，所以，如果是想吃个便饭，这里是最合适的了。

荷妮家的米肠、宴庆面条
· TEL 02-2268-6738
· PRICE 米肠1人份6000韩元

"毒品"寿司

最近在广藏市场的小吃中，人气最高的就是这个"毒品"寿司了。又细又长，蘸辣椒酱油吃是"毒品"寿司的特色。即使离得很远也能看到诱人的寿司食材。

元祖"毒品"寿司
· TEL 02-2273-9975
· PRICE 1人份10个2500韩元

5 清溪川周边的小吃

安东汤面

这里以韩牛闻名，同时这里的汤也很有人气。安东汤面和汤饭是佐以章鱼、猪肉、橡子凉粉等下酒菜一起吃的美食。为了喝酒而来的上班族也很多。

· ADD 首尔市钟路区钟路14
· TEL 02-732-6493

巴黎科拉相饭店

来到清溪川，自然要到清溪广场看看。这里的餐点和沙拉、意大利面一样简单，在这里享用美食的时候可以像在家里的沙发上一样舒适。

· ADD 首尔市钟路清溪川路14
· TEL 02-773-8208

阿提在咖啡厅

位于清溪广场对面的阿提在咖啡厅，装潢十分可爱。这里方糖特别好吃，并且在这里，也可以愉快地享用各种各样的蛋糕。在夏天，雪花刨冰是人气单品，在清溪川长通桥附近也有分店。

· ADD 首尔市钟路清溪川路11
· TEL 02-734-0017

FEELING

#01

胡同向我诉说着，藏在生活中的故事

北村不是民俗村。虽然胡同里布满了民俗村也能看到的类似的韩屋，但这里却是人们实实在在正在生活的家。打开大门的瞬间看到的韩屋风景透露着无尽的亲和。在这里你甚至可能会遇到正躺着打着哈欠的狗狗。在北村要注意不要喧哗着乱窜或是随处乱拍。对我们来说，这可能只是个旅游的地方，但对这里的居民来说，这里是他们生活着的家园。我呢？我当然是要走走瞧瞧，然后用心聆听一下北村诉说的故事。

北村的街道上处处都有可供暂时休息的椅子，休息一下再走也不错噢！

真好奇这里还有哪些好
玩的东西！

106
747-1005

BOB

北村诉说的好似
坡道和狭窄的胡同之间看到的风景。
在这现代与过去共存的地方走走瞧瞧，
不知为何心情就会沉静下来。

在韩屋住上几天再走吧

乐古斋

这里有灶台、桑拿房，是首尔唯一的韩屋精品酒店，秉承“怀着平和畅达的心境感受过去的地方”的意义。有着130多年历史的韩屋是郑永进老先生开创的人类文化遗产。让人不禁联想到朝鲜时代的官宦屋舍。韩屋里有凉亭、炉灶、酱缸台，这些与松树相辉映，更有韵味。在这里住宿会提供用餐，提前预约还会提供正式韩式午餐。在安东河回村能看到规模更大的乐古斋。

·ADD 首尔市钟路区桂洞街49-23 ·TEL 02-742-3410 ·WEB www.rkj.co.kr

TEA GUESTHOUSE

这里是用天然的木材和竹子，还有黄土打造的外国人专用的韩屋。这里完美再现了旧屋的样式，可以让我们亲身体验到传统的韩屋。在这里有能喝到韩国传统茶的茶室，紧邻竹园的别院，可以享受既独立又温馨的个人空间。

·ADD 首尔市钟路区桂洞街80 ·TEL 02-3675-9877 ·WEB www.teaguesthouse.com

DOO GUESTHOUSE

DOO GUESTHOUSE是取“投2个”之名。这里于20世纪30年代改造完工，有着精干的韩屋味道。分为独栋型和特色型，可以根据自己的喜好选择，在方形的广阔庭院休息一下也不错。这里拥有现代的厨房，可以做简单的料理。

·ADD 首尔市钟路区桂洞街103-7 ·TEL 02-3672-1977 ·WEB www.dooguesthouse.com

近代化商会

这里有出售罗成淑教授漆的作品等。这里以在陶窑里严格筛选出的白瓷作品为主，也有碗盆等工艺品出售。可以坐在走廊或是房间喝着茶观赏庭院。

·ADD 首尔市钟路区桂洞街87 ·TEL 02-798-2231

FEELING

#02

在光化门体会愉快的广场游戏

曾经读过这样的话："广场的意义并不单纯是个广阔的空间，是积累了100年以上的时光和那个国家人民情操的空间。"想一想对于我们来说的那种广场，无非就是光化门广场了。从光化门徒步到市政府，这两个地方现在早已是任何人都可以轻松游览的空间了，所以这里积累着更多的时光和故事。从景福宫到清溪川，每个人都可以尽情地游玩。我和晟敏参拜了在这里的李舜臣将军和世宗大王，还和孩子们在喷着水的广场上一起玩耍。

每天三次，可以看到
景福宫的守卫换岗。

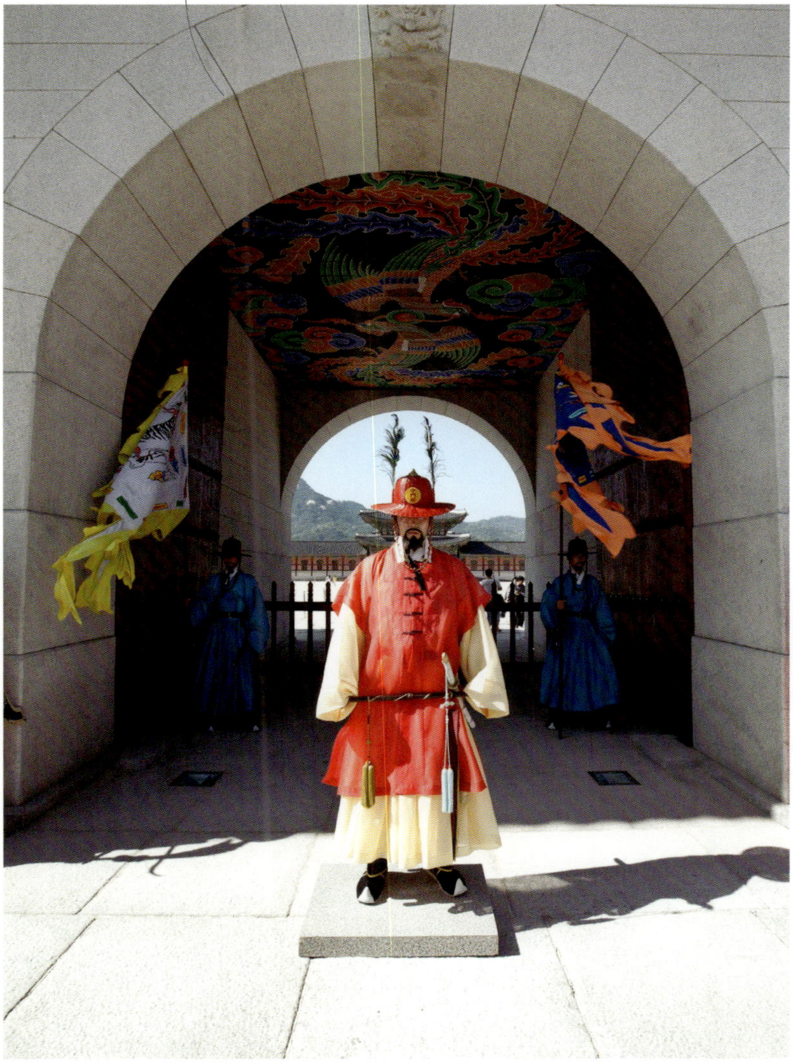

比起白金汉宫的交接仪式，
韩国的守门将矩阵更为严肃。
有节奏的守门将们真的太帅了！

这就是光化门广场上的
世宗大王铜像！

看铜像实物真的很大，
高达7米，太了不起了！

铜像下方有个叫“世宗故事”的地方，
在那里能够了解到世宗大王的丰功伟业。

夏季的时候，在光化门广场
可以看到凉爽的喷泉。

喷泉的水柱不仅可为孩子们降温，
甚至感觉连炎热的城市的热气都驱散了！

一定要去走一走最有韵味的德寿宫石墙路！
如今也不再相信恋人一起走的话就会分手的传言。
能有个手牵手一起走在石墙路散步的女朋友真的很棒！

市政府和光化门之间

景福宫

这里是朝鲜时代建造的五座宫阙中最先建的地方，是朝鲜皇族的法宫。取“享清福”的意思命名为“景福”。从光化门进入就可以到达景福宫的中心勤政殿，勤政殿后面是上朝用的思政殿和寝室康宁殿，连着王妃居住的交泰殿。每天上午10点、下午1点和3点可以看到守门换岗仪式，每周二闭馆。

·ADD 首尔市钟路区社稷路161　·TEL 02-3700-3900　·TIME 09:00~18:00

德寿宫

由庆运宫更名为德寿宫，是从朝鲜时代就开始使用的宫殿，是光海君、仁祖、高宗皇帝的住所。作为唯一拥有现代化的殿阁、欧式庭院和喷泉的宫阙，虽不像景福宫一样雄伟、引人入胜，但这里可以感受自然的情趣。后原路、石墙路是拍摄和散步的好地方。每周一休馆。

·ADD 首尔市中区世宗大路99　·TEL 02-771-9951　·TIME 09:00~18:00

光化门广场

这里是与光化门的世宗路十字路口和清溪广场相连的宽34米、长740米的广场。这里是以人为本的交流空间，可以眺望到景福宫和北岳山等自然风光。世宗文化会馆前的“韩国代表广场”是要实现文化强国的意思，这里立有20吨的世宗大王铜像。可利用世宗大王和李舜臣将军铜像之间的广场举办市民可参与的美术、造型美术等各种各样的活动，李舜臣将军铜像周围有问讯处和便利商店、喷泉等设施。

·ADD 首尔市地铁5号线光化门站下车 1,2,8号出口（和地下光化门广场出口相连）　·TEL 02-120

清溪广场

这里是清溪川的起点，清溪广场指的是世宗路东亚日报社和财经大厦之间的广场。一走进清溪川，三色照明灯与烛光喷泉相辉映，高4米的2段式瀑布，晚上水光交汇的景色十分迷人。从4月到11月每周末都举办“清溪川文化节”。清溪川从这里一直延绵到祭基洞，总长3千米，全部逛完要2.5~3个小时。

·ADD 首尔市钟路区世宗路起始点　·TEL 02-2290-7111

首尔广场

这里是太平路1街的市政府前建造的首尔代表性的场所。位于市中心宽广的草坪广场，周围有很多文化历史资源，是2002年世界杯之后正式建成的广场。广场中央会开展多样的文化活动，也可以预约使用广场。夏天是喷水池，冬天则变为溜冰场，一年四季有不间断的演出。

·ADD 首尔市钟路区世宗大路110　·TEL 02-731-6825

江南

THE SOUTH OF THE HANRIVER

韩国的江南如今已成为世界的江南。一首歌的威力到底有多大？很多来韩国的外国人都在好奇江南到底是个怎样的地方，但大多数人都只是去代表地区江南站周边逛逛。而对韩国文化稍有了解的外国人就会去找林荫道或者是汝矣岛这种江南的代表地区了。对品牌很敏感的清潭洞和狎欧亭洞，特级酒店和百货店林立的经济特区三星洞以及汉江上的岛屿汝矣岛构成的江南所属的区域都同样有着时尚、发达的特征。要是有外国朋友想要看到首尔充满活力的一面，就和TA手牵手来江南吧！

江南旅行推荐路线

- 乘坐水上游艇绕汉江一圈
- 2.5千米/驾车10分钟
- 在汝矣岛逛街购物
- 500米/徒步5分钟
- 在汝矣岛品尝好吃的面包
- 1.4千米/徒步20分钟
- 在汉江公园骑自行车
- 10千米/驾车20分钟
- 在林荫道DEUXAMIS做蛋挞
- 500米/徒步5分钟
- 在林荫道逛街喝杯咖啡

ENJOY

#01

乘着水上巴士游汉江

水上巴士是为了在汝矣岛上下班的人们而诞生的。可供在汝矣岛上班的职员们早晚使用。既廉价，交通又不会堵塞，满足度相当的高。白天的时候主要是观光客使用，可以游览汉江的周边，30～40分钟的路线很受欢迎。要选有喂鸟体验的路线哦！春天有候鸟会盘旋在汉江周边，所以才有了喂食的环节。乘着水上巴士来到汉江中央，就能看到汝矣岛的标志63大厦了，江南江北一览无遗，和平时在首尔看到的可不太一样。凉爽的江风，密集盘旋着的鸟群，让人有一种像是去了近郊旅行的心情。

olleh
비상에듀
WATER T
WORLD TAXI 01

哥，其实从这里面看
汝矣岛感觉不太一样呢。

就是啊，在汉江上看首尔感觉很陌生。
远远地感受一下首尔的韵味吧！

水上巴士比想象中更酷。
上下班只需5000韩元，
比驾车便宜。

30分钟就能从江西到达汝矣岛，
不会堵车，速度也很快。
我们以后晚上有通告的时候，也来坐这个吧？

从船舱走出来
吹吹江风也很棒。

虽然有点冷，但头脑会变清晰。
尤其是涨潮和落潮的班次，会很有氛围。

强仁哥，我想拿盒子里的
凤尾鱼干来喂候鸟们。

这不是做浓汤时用的那个吗？
已经闻到味道的鸟群一股脑地扑过来了！

呜哇！稍微有点吓人，它们看上去很饿。
一个劲儿地在叫哦。

朝那边丢远一点。
虾干抓在手里，就会被叼走。

不知不觉已是傍晚了呢。
晚霞洒在汉江上的时候，真的很壮观。

像这样在汉江上欣赏晚霞
不知道有多惬意。

虽然是很惬意，但江风仍在飕飕地吹啊！

想不到在汉江上看到的汝矣岛是这么的美。

清海镇海运

蚕室—纛岛—汝矣岛30分钟以内就可以到达的上下班路线，当然也能按想要的时段租赁，现在这里已经改成可以观光首尔景点的观光路线。根据季节会有不同的路线推荐，可以选择相符的主题去欣赏。一边环绕汉江一边享用午餐和晚餐的观光路线很受欢迎。

· TEL 1588-3960
· WEB www.pleasantseoul.com

汝矣岛100倍享受

1 一天好短暂，快来嬉水吧！

在水下吃吃玩玩，还能一边享受购物，这个群体被称为嬉水族。最近嬉水族在汝矣岛随处可见。63大厦、IFC购物中心等，在汝矣岛具有代表性的嬉水场所内有电影院、书店、餐厅、咖啡厅等，从时尚、美容到购物都可以在水下解决。游客们在63大厦和汝矣岛站附近的IFC购物中心至少可以泡上大半天的时间。要是主要目的是购物的话，可以移步至永登浦路的时代广场。

IFC购物中心

HOLLISTER、H&M、ZARA、GAP等国内外SPA品牌在这里全部能找到。这里的设计出自国际室内建筑设计师贝诺依的创意，自然采光充足，乘船便利，游客可以享受舒适的购物。这里还有书店、电影院等各种便民设施，包括地下的食品馆，多样的咖啡店和餐厅也开设其中。可以通过汝矣岛站3号出口的地下通道直接到达。

· ADD 首尔市永登浦区国际金融路10
· TEL 02-6137-5000
· WEB www.ifcmallseoul.com

63大厦

占据“韩国的摩天楼”30多年位置的63大厦，虽然因最近才建起的IFC购物中心等商厦而下滑至第四，但最高层观光胜地的地位依旧存在。上到瞭望台可以俯看整个汝矣岛，在天空艺术馆，可以感受整座城市的魅力。有SEAWORLD、IMAX电影院、艺术博物馆等孩子们喜欢的各种场所，还有自助餐、西餐、中餐等各种饭店。某些特别的节庆假日，在这里玩一圈足矣。

· ADD 首尔市永登浦区63路50
· TEL 02-789-5663
· WEB www.63.co.kr

2 面包、面包、面包店旅行

汝矣岛最近盛行的便是面包店。在汝矣岛聚集的并不是大规模的连锁面包店，而是个人推出的品牌，是用味道决胜负的小规模面包店。有专售主食面包的面包店、强调SWEET的甜蜜面包店，法国国民面包店，有著名主厨的面包店等多种多样的面包店。带着这里买的面包再去汉江公园享受一下也还不错哦！

PAUL&PAULINA

这家店是因销售可以当主食的大型面包而名声大作的弘大前面包店PAUL&PAULINA的汝矣岛分店。一进门最先看到的就是面包师忙碌的身影。挑选上好的、经过长时间发酵的酵母，做出有助于消化的无添加剂的健康面包。这里可以买到黑橄榄面包、巧克力面包等受欢迎的乡村面包，还可以买到法式长棍等面包，也可以买到没有涂黄油、果酱或是牛奶的夏巴塔面包。这些商铺都可以通过网络预订或是电话预订。

· ADD 首尔市永登浦区汝矣渡口路2街14 ilex商街
· TEL 02-761-1966

BREAD FIT

这里只出售每天凌晨做的面包，还每天推出两次烘焙咖啡。受欢迎的菜单有放香草的奶油冰淇淋面包、丹麦绿茶、放了晶糖的桂皮拿铁等，这家店在距汝矣岛站和小江站徒步200米的位置。

· ADD 首尔市永登浦区国际金融路86 lotte castle ivy地下
· TEL 02-782-0102

PAUL

在这里可以尝到法国传统的马卡龙、手指饼、油酥千层派、小果馅饼等甜点。这里的午餐也是有口皆碑，一到周末，前来就餐的恋人和家庭总能排起长队。

· ADD 首尔市永登浦区汝矣岛路8汝矣岛万豪1层
· TEL 02-2070-3000

3 午后公园里的悠闲时光

最近汝矣岛刮起了野营风。汉江公园不管是周末还是平日的晚上，背着帐篷来野营的人络绎不绝。以前人们最多就是来骑自行车，现在铺着垫子或是帐篷在汉江边玩上一天几乎已经成了日常的游乐文化。在这里可以欣赏自由的街边演出，也可以骑自行车或是玩滑板，还可以在汉江上尽情滑水。总之能看到各种各样的人，甚至读着书或是就这样悠闲待着的人也有很多。虽然买便当也不错，但周边有各种各样的便利店，还有披萨、炸鸡店甚至是中国料理都可以叫外卖。畅快地在汉江边享用一顿炸鸡配啤酒也不错！

汝矣岛汉江公园

汝矣岛汉江公园不管是坐地铁还是坐公交都是个很容易找到的地方，春花庆典、世界火焰节、各种演出以及马拉松等各种活动从不间断。水上舞台和喷泉、钢琴水路、天国阶梯等组成了各种看点和玩点。栗岛、汝矣岛小河等都比较自然、原封不动地保存着，像这种原生态的学术场给人亲近感的公园真的很棒。这里有着4千米的自行车道，骑车很方便，可以借自行车从元晓大桥骑到麻浦大桥。汝矣岛汉江公园从汝矣渡口站或小江站徒步5分钟即到。

·ADD 首尔市永登浦区汝矣洞路330
·TEL 02-3780-0562

汝矣岛公园

代表首尔的中心公园之一的汝矣岛公园是在1990年代改建的森林公园。汝矣岛公园的中央有非常宽阔的广场，可以滑轮滑、骑自行车等，还有篮球场和演出舞台。自行车道路和徒步道旁建了小池塘、小道和凉亭。广场入口处有自行车可以租赁。这里和市内巴士汝矣岛换乘站相连，交通很便利。

·ADD 首尔市永登浦区汝矣岛公园路120
·TEL 02-761-4078

ENJOY

#02

阳光明媚的日子，想去林荫道转转

和去北村的晟敏分别后，我朝着林荫道出发了。虽然平时就经常去，但在这种阳光灿烂的午后，心情很不一样。从新沙站往林荫道方向徒步，能遇到来各家小店扫货的人们。从服饰到化妆品，时下各种流行商品应有尽有的小店一一展现着自己的个性。来这条街的人们大都认为“有一些个性”才够潮，谁叫这里是江南林荫道呢。

去逛街呢，
还是喝杯咖啡呢？

아스카
mod

小不点儿，你好！
原来是跟妈妈去逛街啊，认
识你很高兴！

长得真可爱啊，你几岁了啊？
叫我强仁哥哥啊！
你知道Super Junior吗？

我是超喜欢购物的。

买到称心的衣服，心情会很好！我是属于会留意喜欢的品牌什么时候出新品，
然后去买的人。
林荫道不仅服装很多，各种新品也能及时上架，可以慢慢逛。
赶上与您品位相同的店铺还能买到喜欢的东西，感觉很不错。

MMMG

这里是创意文具专卖店。近来不仅仅出售文具，还独家收入环保服装品牌FREITA，此外，斯堪迪纳维亚的家具等也在这里出售，商品逐渐多样化。这里既自然又有生动的色彩和设计，可以激起游人无限的购买欲。安国洞、梨泰院、明洞都开有分店。

- ADD 首尔市江南区狎鸥亭路12街47
- TEL 02-542-1520

MARIMEKKO

这里不仅出售在芬兰上市的设计品牌的服装、包和时尚小物，连织物、厨房用品等与装修客厅相关的产品也在售卖。它们使用芬兰无污染地区的天然材料制作商品，完全没有使用化学制品，使得商品有着天然的花纹和配色。

- ADD 首尔市江南区岛山大路13街31号
- TEL 02-515-4757
- WEB www.marimekko.kr

A-LAND

这里是出售新晋设计师们作品的商店。收纳了从时尚到饰品、小物、时下元素等多种商品。在这里能很方便地买到只属于A-Land个性的产品，就算只是看看也会感到很过瘾。走累了，去旁边的咖啡店休息一会儿也不错。

- ADD 首尔市江南区狎鸥亭路12街48
- TEL 070-7820-7547
- WEB www.a-land.co.kr

SPICY COLOR

这里有从流行文化中得到各种灵感而制作出的商品。它是和纽约的青春社员FASHION SNOOPS协作诞生的全球品牌。缤纷的色彩和独特的设计很吸引眼球，正巩固着国内SPA品牌的地位。

- ADD 首尔市江南区岛山大路13街14
- TEL 02-545-7730
- WEB www.spicycolor.co.kr

8SECONDS

这是一个纺织类SPA品牌，从衣服到包包、鞋子等时尚小物也一同在这里售卖。这个开店不到一年的新生品牌，已做起了线上生意，打算走向世界。它的名字源于人们从陌生到感到亲切需要8秒钟，强调人与人之间的情感反应速度。这里的风格追求自我，将时尚、艺术和文化相结合。主要顾客群的年龄为20多岁。

- ADD 首尔市江南区江南大路156街49
- TEL 1599-0007
- WEB www.8seconds.co.kr

手忙脚乱的都不知道鼻子上沾了面粉。
一直就想尝试烘焙，
这比想象中更让人兴致勃勃，很愉快！

嗯～好香啊！

早晨在上学路上一直闻到的面包香味！
要是这香香甜甜的味道能从我
房间里飘出去的话……

我做得很棒吧？
今天听到了很多的称赞。
啊～女生们对这些要了解
点才行……

不管想着谁，只要是满怀诚意地
去做，收到的人都会很幸福的吧？
亲手做给
心爱的人会更好！

强仁的草莓蛋挞

01 将面团压平，不停地擀，直到变成0.3厘米的厚度。表面不能凹凸不平的，擀的时候要用力。

02 将面团放入模具中，刮掉溢出的部分。

03 将草莓蛋挞放入烤箱中，以180摄氏度预热，烘烤15分钟。

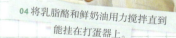

04 将乳脂酪和鲜奶油用力搅拌直到能挂在打蛋器上。

05 用刮铲将混好的调料美美地铺上去

06 将对半切开的草莓围成圈放在上面做装饰。

07 撒上椰子粉，大功告成！

我亲手做的草莓蛋挞，草莓装饰真的很棒吧？分给工作人员们吃了，真的很好吃哦！

等待面包烤好的过程中，可以悠闲地品上一杯咖啡。
我就是韩国的Jamie Oliver。哈哈哈！

DEUX AMIS

这家店的名字是“两个朋友”的意思，这是由一对夫妻共同经营的蛋糕咖啡店。在咖啡厅附近有教烘培课程的传统工作室。漂亮小玩意儿的点缀，让人即使待了很久也完全不会觉得腻。蓝带学院出身的厨师做出来的蛋糕也抓住了走在林荫道上的大众口味，像焦糖盐味蛋糕、提拉米苏等持续热卖的点心都很受欢迎。甚至有一对夫妻为了几个马卡龙，特意从很远的济州岛赶过来。

· ADD 首尔市江南区岛山大路11街28
· TEL 02-3443-0030

眼睛和嘴巴 一起享受 CAFE 探险

江南的林荫道，江北的弘大前都因聚集了很多新潮咖啡厅而名声大作。林荫道有很多A TWO SOME PLACE、COFFEESMITH、NESCA-FE、STARBUCKS、COFFEEBEAN等品牌化的大规模咖啡专营店，也有很多小规模的装潢和口味与众不同的咖啡店，是只属于林荫道的感性。这种咖啡厅在林荫道上简直是每走一步就有一个，到了主街上才可以摆脱一步一个店的状态。林荫道有很多日式的咖啡厅和酒吧，可以吃饭的咖啡式餐厅也人声鼎沸。

HEYA汉堡饭店

这是一家日本家庭式汉堡牛排专卖店。不使用化学调味料，在店里出售老板亲手做的牛排。菜单上只有两个选项，分别是男人汉堡套餐和女人汉堡套餐，就着果汁或是茶吃起汉堡牛排套餐来也是别有一番风味。

·**ADD** 首尔市江南区狎鸥亭路4街13-3
·**TEL** 070-7613-6610

BLOOM AND GOUTE

这家店是林荫道的第一代正式日式咖啡屋。原来在林荫道主街上，2012年才搬到如今的新位置。维持着鲜花和蛋糕的基本配备，在装修上显得更加时尚和干练。地下是花房，1楼喝咖啡配的不只是蛋糕或是同类的甜点，还有早午餐、意大利面等多种美食。

·**ADD** 首尔市江南区狎鸥亭路10街35-1
·**TEL** 02-541-1530

ALLO PAPERGARDEN

ALLO PAPERGARDEN是和狎鸥亭PAPERGARDEN、DEUXIEME一个集团的，狎鸥亭的PAPERGARDEN是偏向咖啡厅的，而ALLO PAPERGARDEN是连饭菜和红酒都有的餐厅。由于很多人主要是为了来吃早午餐，所以甜点的菜单有很多种。整体的装修让人很容易联想到复古商店，一踏进门口，先映入眼帘的是时尚杂志和书籍，在这里还可以购物。1楼是咖啡店，2楼的前院开的是餐厅，2楼有露台等，空间很大。

·**ADD** 首尔市江南区新沙洞狎鸥亭路10街44
·**TEL** 02-541-6933
·**WEB** www.papergarden.co.kr

春，可以来观赏漫山遍野被绿色侵染、野花争奇斗艳盛开；
夏，可以来避暑，青绿荫弥漫，体验江河湖海的凉意丝丝；
秋，可以来感受华丽的丹枫，如诗如画；
冬，可以来尽情享受皑皑白雪，雪景洁白如玉。

TRAVELER
始源，东海

02

江原道

GANGWONDO

SUPERJUNIOR's EXPERIENCE KOREA

旌善
江陵
平昌
束草

提起江原道，每个人心中都会有一幅画：随着季节更替不断变化的山川和蔚蓝的大海，茫茫的湖水和蜿蜒曲折的江水，宽广的田野和草原……这所有的一切都保持着大自然最原始的风貌。与这样的江原道最契合的Super Junior成员是谁呢？光听名字就很容易联想到江原道的始源（“始源”在韩文中与“凉爽”意思相同）和我，东海。

位于朝鲜半岛中东部地区的江原道是国民最喜欢、最常去的旅行地之一。每个季节散发不同魅力的自然景观，它除了是世界上有名的旅游胜地，还富有历史遗迹，这让人怎能不沉迷呢？平昌、江陵、宁越、旌善、太白、东海、三陟、束草、横城等，听名字就能很容易联想到这个城市好玩的地方以及代表美食。再加上通往江原道的高速路修了很多，令这里交通很便利，从首尔只需要两三个小时就可以欣赏到江原道的美丽风光了。

春，可以来观赏漫山遍野被绿色侵染、野花争奇斗艳盛开；夏，可以来避暑，看绿荫弥漫，体验江河湖海凉意丝丝；秋，可以来感受华丽的丹枫如诗如画；冬，可以来尽情享受皑皑白雪，雪景洁白如玉。我和始源也正是因为如此才来这里的。

ENJOY

划着橡皮艇
横穿东江

ENJOY

来，赶快让脚蹬
转起来吧

TASTING

让东海赞不绝口的高
丽大蓟饭

ENJOY

襄阳冲浪high翻天

MAKING

咖啡之城江陵的
咖啡挑战

FEELING

在泳池旁，即使只是
用脚玩水，也感到很
凉爽

阿巴依米肠
束草
阿巴依村
Surf's up
冲浪季节
襄阳
艾尔芬雅
江陵
TERA ROSA
平昌
几乎触摸到天空的躺椅
旌善
轨道自行车
旌善5日集市

MAP & INFO

江原道北邻朝鲜的咸镜南道和平安南道，西邻黄海北道和开城市，东临东海。以太白山脉为中心，分为岭东和岭西。这里是韩国山最多的地区，沿着太白山脉，有许多大大小小的山。与山一样，这里也遍布着河川，像血管一样流淌在山脉之间。以太白山脉为分水岭的北汉江、邵阳江、洪川江汇流后连接松川、五台川、酒泉江、平昌江，流入汉江、南汉江等周边地区。这里临近东海，是江原道引以为豪的自然景观。

在韩国，下雪最多的地方是平昌，以轨道自行车和5日集市闻名的旌善，咖啡之城江陵，雪岳山坐落的束草，湖滨城市春川，连接美丽海水浴场的东海，有着敞篷博物馆之称的宁越等，这些都是远近闻名的旅行地，精彩荟萃，仿佛是谁将它们选好了聚集在江原道，准备一决高下似的。

旌善

JEONGSEON

旌善不仅被石屏山、加里旺山、咸白山等海拔1000米以上的山脉所包围，还被太白山贯穿，并位于其中心地区。由于山的面积比平地大很多，所以这里保留着完整的天然景观。也因为如此，旌善被称为是江原道的皮肤。高山间布满山谷险峻，以致每到转弯的时候都惊险不已。像旌善5日集市、轨道自行车、高丽大蓟饭、黄芪猪蹄这样，一提到旌善这些观光名地就会浮现在脑中一一展现。

旌善旅行推荐路线

高空飞索 → 9千米/驾车15分钟 → 东江划艇 → 9.5千米/驾车17分钟 → 加里旺山登山 → 13千米/驾车20分钟 → 逛旌善5日集市 → 500米/徒步10分钟 → 品尝高丽大蓟饭和黄芪猪蹄 → 1.5千米/驾车6分钟 → 在旌善火车站散步 → 26千米/驾车40分钟 → 乘坐轨道自行车

我平时也玩篮球，但是爬山真是太难了。

东海啊，我们还没进入山路呢！

始源啊，我们这是在登山吗？

加里旺山比较容易攀登的路线一般需要花费两三个小时，你没事吧，李东海？

始源啊，我猜到要走这样的路，但是原来对登山真是不了解。

先走走看吧！

好吧！
这路上充满绿荫啊，真是一片嫩绿。
始源啊，这里是什么山？

加里旺山啊。

对！对！啊——之前去过一座，忘了是什么山！空气特别好。

ENJOY IN 旌善

很适合新手攀登的 旌善名山

1 加里旺山

作为离旌善邑最近的山，这里还有加里旺山自然休养林，每个季节来此游玩的人都络绎不绝。附近还有经营漂流、战争游戏的运动俱乐部。即使对这里不太了解的人们也能够轻松地找到。春天和夏天处处都能看到野花争奇斗艳，秋天的时候有丹枫和芦苇，冬天则能看到美丽的雪景。

·ADD江原道旌善郡旌善邑桧洞里
·TEL 003-562-5833

2 秃山

虽然路线上标识是从简朴的小路开始走，但是正常寻找到树木是很难的，只能看到如同大牧场一样的丘陵地带。尤其在秋天，能看到美丽的紫芒田。这里即使是对于登山新手也很容易。

·ADD 江原道旌善郡南面武陵里
·TEL 1522-9053

3 没云台

从画岩八景之一的画岩药水开始了登山路线，乌龟岩石、小金刚、没云台等画岩八景都能够一览无余。登山开始前，如果能喝上一口对胃病有治疗功能的画岩药水就更好了。

·ADD 江原道旌善郡画岩面没云里
·TEL 1522-9053

始源啊，这真是初夏啊，
不管看哪儿都是绿葱葱的。

ENJOY

#02

飞过旌善的天空

来到旌善，才发现，蓝天和白云不再是抬头才能看到的。只要你下定决心就可以体验一次横穿天空的经历，这里有亚洲最长最高的高空飞索，仿佛飞舞在绝壁云端。

哇~东海啊！太令人期待了，这是哪里？

人行天桥！始源，快看下面。

哇！这里完全是Praise the Lord啊！
东海啊，这里是什么山啊？

据说这并不是山，只是很陡的斜坡。

这么高竟然不是山？

海拔大概要600米，下面呈U字形，还流淌着江水。听说原来镇里的人如果想要去别的镇子就要乘船过去，如果船路堵塞就走这个路。

哇哈哈哈！哇~速度太牛了。

这高空飞索时速达到了120千米。
325米大概需要1分30秒的时间，
据说是亚洲最高最长的高空飞索。

时速120千米？
还有什么？亚洲最高？

太有意思了，赶快准备吧。

等下！等下！那么我先来吧。

要给始源拍照啊！

没关系吧？

要先系好了才行，我先来吧。

东海啊，据说展开双臂，速度就能够慢下来，先下来吧。

这段时间谢谢你哦！
那么，一会儿见，崔始源。

高空飞索成功!

丙方山人行天桥

丙方山峭壁上的高空飞索是由钢筋结构和强化玻璃做成的，能够让人感受到飞在空中的感觉。人行天桥以西侧的栗岛为中心，能将湍急的东江水及其周边包围着的风景尽收眼底。U字形人行天桥上为保护安全而安装了11米的强化玻璃，进入时要套上布套。

丙方山高空飞索

丙方山海拔为607米，高空飞索是从丙方山的顶峰到东江生态体验场打造的。从顶峰到目的地的标高差据说是亚洲最高。高空飞索出发的时候，从峭壁上系好绳索，跳下来，有着蹦极一般的眩晕感。超过100千米的时速会让你能感觉到跳伞滑翔的气氛。

- ADD 江原道旌善郡旌善邑北实里山105
- TEL 003-563-4100
- TEME 09:00～18:00
- PRICE 人行天桥 成人5000韩元，青少年3000韩元；高空飞索 成人40000韩元
- WEB www.ariihills.co.kr

ENJOY

#03

穿过旌善的河川

旌善是韩国首屈一指的泛舟名地。也许是因为这里有神秘莫测的邵阳江而且途经阿乌拉吉，流向宁越的东江。在旌善，无论哪里，只要有船，就能无时不刻地感受到超美的自然风光，这里是漂流、划艇等水上运动的名地。朋友们一起乘坐橡皮艇漂流，或者像我们一样划艇，都非常有趣。

好的，东海，
在那里见！

始源啊，我们在这
里分开，然后在东
湖大桥见吧！

东海啊，在等待划艇来之前，我们来玩打水漂吧！

东海啊，别朝我扔石头。

哎呀，不行，打水漂玩得停不了了。

始源啊，船好像不停地在摇晃，
我要吐了。

这里比想象得浅多了，怎么会吐呢？
而且这里水流不急，没关系的。

那也是有名的东江啊，对了，崔始源，
你以前玩过划艇吗？怎么那么厉害？

玩过类似的，但是划艇是第一次，因为我是崔始源啊！

是啊，知道了。
始源的运动神经最强了。

东海你也很厉害啊，
漂流什么的不是都玩过吗？

记得初中还是高中的时候玩过一次，
但那是集体一起玩的，
这个太窄了，很难抓住啊。

再试试吧，你运动神经也不错哦！很快就能上手了。

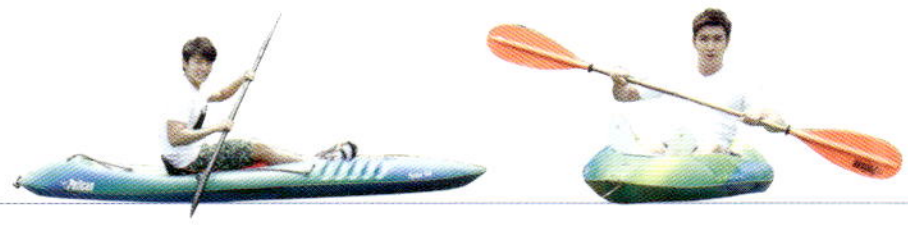

Experience Note

江原道的
运动名地

运动发烧友们不能不爱的地方，
就是这里，江原道！
除了漂流和划艇，还有让人晕眩的蹦极
和高空飞索，甚至还有跳伞滑翔。
只要是室外的运动项目，几乎在江原道
都可以享受到。

麟蹄内麟川漂流

作为汉江支流最长的区间，内麟川是韩国唯一一条从南到北的河流。沿着河流，这里有芳台山自然休养林、雪岳山、大乘瀑布、将帅台等江原道名胜。这里还连接着韩国最长的漂流路线，达20千米。

平昌东江漂流

如果想看雪白蜿蜒又湍急的漂流，那就去平昌的东江吧，在险峻的山谷里，即使不落入水里，那强烈的波涛也会完全浸湿衣服。就是这样的刺激！

宁越东江漂流

这里每到夏季就会聚集数十万游客。宁越的东江不仅有美丽的风景，还因为水量丰富成为漂流胜地而饱受瞩目。江边还设有躺椅等多种设施，很适合全家来旅行。

麟蹄蹦极

这里是麟北川和内麟川交汇处，有一座名叫合江亭的亭子。合江亭前的景色秀丽，是麟蹄八景首屈一指的名地。这里有韩国最高的蹦极，达63米。在这里如果蹦极成功还能收到认证书。

铁原汉滩江漂流

几年前漂流兴起的时候，这里就开始有名气了，这里以拥有韩国最棒的峡谷著称，奇岩怪石如艺术品一样成为人们很值得一看的地方。

平昌快乐700滑翔场

位于江原道平昌邑壮岩山的快乐700滑空场是从平昌市内到平昌江，一直到白头大干这一地区有名的滑翔名地。这里有宽广的离陆场和着陆场，不管是滑翔熟手还是新手都可以在这里尽情享受。

江陵海上飞碟

山中有高空飞索，海上则有海上飞碟，如果你想享受穿越大海的感觉，那么就来江陵吧。江陵港附近有一个贴有“穿越大海体验”字样的高空飞索和海上飞碟设施。江陵港与南项津之间的高空飞索往返有560米，可以体验海上飞翔。

ENJOY

#04

它不是火车，而是用双脚在铁轨上奔跑

“提及旌善，你会想到什么？”如果问这样的问题，人们往往会回答“轨道自行车”。在原本火车行驶的铁轨上行驶自行车，这是旌善第一个创造出来的。曾经煤矿产业很繁荣、人流拥挤的九切里站成了废矿后，没人再使用这里，连火车也停止运营了。现在这条路上运行的是轨道自行车，原来在火车里观光的风景现在要用双脚慢慢骑着来填满双眼了。

始源啊，脚踏板不要踩太快，
一会儿就该累了。

东海，你以前骑过轨道自行车吗？

没有啊！

那你怎么像骑过的似的，还建议我慢点骑呢？

反正路很长，就慢慢骑呗！

哎~可是，东海啊，我们快点骑快点到多好啊！

始源啊，这是轨道自行车，即使我们骑得很快，
前面的人也快不了啊！

啊，东海啊，这里原来是运行火车的，你知道吗？

当然知道，难不成还专门为了轨道自行车而建造吗？

但是现在为什么不运行火车，而运行自行车呢？

那我可不知道了，为什么啊？

原来这里是九切里站，附近有个煤矿村，后来煤矿村关了，人们也不用火车了，所以火车站也关了。好在后来这里开始运营轨道自行车，火车站才保留了下来。

哦！崔始源，你在哪儿听说的啊？

刚刚去旌善站的时候顺便问了站长。

原来还有这样一段历史啊！

我以为骑自行车会热，没想到很凉快。

是啊，可能是因为有好多树的原因吧，空气也很好。哦！前面有一个隧道。

JB-036

嘿嘿~还有拍纪念照的地方啊!

哇~隧道!
小时候每次过隧道的时候都要屏住呼吸。

为什么? 有什么特殊意义吗?

是啊,我为什么那样做呢? 是和谁打赌吗? 不记得了。不管怎么说只要一进隧道就感到凉爽,里面也没有冰箱啊,哇呜~

啊,吓我一跳,怎么了,东海?

啊? 不知道为什么一进隧道就想大喊,哇~

那才是李东海。过了隧道感觉好像就是森林了。

虽然平时也呼吸着空气,但是每天都盯着电脑或手机屏幕,现在看到这么多的绿色,眼睛好像变亮了。不知道为什么心情也跟着变好了。

好像感到了自由的气氛。

旌善轨道自行车

这里是韩国第一个运营轨道自行车的地方,从九切里站到阿乌拉及站,全长7.2千米,虽然是靠人来运行,但是不用担心,这里平地和下坡路交替,不需要费多大力气就可以向前走,平均时速15~20千米,沿着铁路,大约7.2千米的距离,可以观赏到峡谷里寂静的乡村美景,到达终点站阿乌拉及站大概需要30~40分钟,到达阿乌拉及站后换乘观光火车后可返回九切里站。

- ADD 江原道旌善郡余粮面老秋山745
- TEL 033-563-6050
- TIME 09:40,10:30,13:00,14:50(暑期16:40增加一班)
- PRICE 2人乘 25000韩元,4人乘35000韩元
- WEB www.raiibike.co.kr

无论心情如何，脚踏板都在转动！

白头大干药草之国

位于旌善郡临溪面的白头大干药草之国，从很久前就开始栽种药草，2008年这里被指定为药草特区。这里种有五味子、棉桃、覆盆子等150多种药草。村民自己栽培然后加工售卖。在这里，和药草专家一起乘坐单轨电车，一边欣赏深山风景，一边听专家关于药草的讲解，可以学到很多知识。

· ADD 江原道旌善郡临溪面雪花村路178-30
· TEL 033-562-1103
· WEB www.ariari.kr

민둥산 억새꽃 축제
안전거리 30M 유지

TASTING

#01

高丽大蓟到底是什么

现在我来到了这里才说，其实起初我对高丽大蓟饭并没有期待，一直想着“就是和拌饭差不多嘛”！但是当我拌上酱料吃上一口的时候，惊呆了。太好吃了！那入口即化的黄芪猪蹄岂不更美味？旌善的代表美食都如此，看着没什么，但是吃一次就终身难忘，像中毒了一样。

始源啊，我们中午吃什么呢？

在旌善不是有很多美食吗？选个合心意的吧。

高丽大蓟饭、土豆丸子、鼻尖面……

好的，东海啊，我知道你的意思，但是还是选一个吧，
我们午饭就吃高丽大蓟饭和黄芪猪蹄吧。

但是你知道什么是高丽大蓟吗？

植物？山野菜？

高丽大蓟是叶子很大的山野菜，是旌善的特产。以前把高丽大蓟叶子和茎混在饭里会让饭看起来很多，所以那时候当饭不够的时候为了看起来丰盛，就这样开始吃了，这种饭除了富含膳食纤维和维生素，也富含蛋白质哦。

东海这是怎么了，难道说为了来旌善旅游还预先学习了？

刚学到的，从你背后的墙上读到的。

难怪，那为什么叫高丽大蓟菜呢？继续读吧。

它的叶子在风中摇曳的样子和醉酒的人摇摇晃晃的样子很像，有人说就因为这样所以这样叫，还有人说是来源于醉酒这个词（韩语中高丽大蓟菜“곤드레”和醉酒“곤드레만드레”写法相近）。

原来如此，啊~上菜了。
就这样吃吗？

这里有酱料和调味酱油，放进去搅拌一下就可以，也可以放辣椒酱。

那么就一半放酱料，一半放调味酱油，哇~饭好有光泽啊！

崔始源，快，快！

快什么？

快吃啊，太好吃了！

东海，你第一次吃高丽大蓟饭吗？

当然了，其实我都不知道怎么吃呢，哇~真是太好吃了！

放入酱料搅拌！

是啊，高丽大蓟饭不过是米饭拌上一勺酱料而已，怎么会这么好吃啊！

就是说啊，我以为充其量就是放上野菜、和拌饭一样而已，太好吃了！

呀！李东海，吃点黄芪猪蹄吧。
真是入口即化。

黄芪猪蹄很黏，嚼的时候会不会粘在嘴上啊？

SSARIGOL饭店

这里是韩国最先出现高丽大蓟饭的地方。这家店在旌善很有名。其实就是在大碗里将高丽大蓟饭和酱料或调味酱油搅拌后食用。在旌善，通常会将有机食材制作成美味小菜作为佐餐，基础搭配虽然只有高丽大蓟饭和拌橡子冻，但是那里的老板很和善，可以拜托他帮忙点东广饭店的黄芪猪蹄来吃。

- ADD 江原道旌善郡旌善邑旌善路1312
- TEL 033-562-4554
- TIME 09:00~20:00
- PRICE 高丽大蓟饭6000韩元，拌橡子冻10000韩元，高丽大蓟稠酒5000韩元

东广饭店

这里有产自江原道的黄芪加入楤木芽、刺五加、葛根等药材，药香混合黄芪猪蹄的极品美味外加上好吃的荞麦面。去往旌善站的路上，虽说旌善集市有点偏僻，但是黄芪猪蹄的美味早已远近闻名，在5日集市开市的时候甚至要排队才能吃上。

- ADD 江原道旌善郡旌善邑绿松3路22-1
- TEL 033-563-3100
- TIME 09:00~21:00
- PRICE 荞麦面 5000韩元，黄芪猪蹄27000韩元

为什么在旌善种植的野菜好吃呢?

旌善的山地间是高寒冷质的石灰岩和黏土，是药草生长的最佳地。而且这里和地理纬度同等高的地区相比，算比较寒冷的，所以这里种植药草不仅利于生长而且味道好。

除了高丽大蓟，还有黄花、紫菀、蜂斗菜、薇菜、玉竹、短果茴芹、阔叶缬草、蹄叶橐吾等有名的植物。特别是在5月的时候，可以品尝到各种山野菜。旌善的温差很大，夏天凉爽，秋天寒冷，为了保存更多的山野菜，人们一般将山野菜腌渍成酱菜来食用。所以在旌善5日集市上很容易看到高丽大蓟菜干。

超乎想象的
旌善美食代表选手们

蝌蚪面

这种面是将玉米用石磨磨成面并和成蝌蚪形状，所以叫蝌蚪面。面条里面放入酱油和酱料，尤其适合夏天吃，它热量低，不仅有益健康，还很开胃，可用于解酒。

高粱馅饼

高粱馅饼是用高粱面来做面皮，然后里面放入豆沙，做成半月形状，用油煎着吃的一种糕点。高粱面不仅味道香，还富有韧劲，高粱馅饼不仅能让人体会到极好的口感，还能感受到豆沙的香甜。

鼻尖面

这种面是用荞麦做的，很有弹性，因为埋头吃面，把汤水喝光之后，鼻尖会碰到碗底，所以这种面才被称为鼻尖面。这种面的特点就是菜帮大酱汤加上香喷喷的面条。

FEELING

#01

旌善的时间停住了

在旌善，有很多特别的地方好像可以让时间停住。这里说的就是在韩国唯一通行柴油车的旌善站，和曾经作为废矿，而现在换上新装的，像Samtan Art Mine这样的地方。很久以前，这里就是那种司机通过时要从站长那里收到通行证的、很简易的车站。在这里，时间仿佛停止了，而从废矿地区来看，时间仿佛在倒流。

每乘坐一次火车，就能隐隐
约约唤起小时候的记忆。

站长，您好！

好的，什么问题呢？

不是别的，我就是想参观一下旌善站，不知道可不可以。
而且，还想问您些问题。

时间允许的话您可以慢慢参观。

谢谢，请问旌善站每天运行几趟列车呢？

每天两趟，旌善5日集市开市的日子还会运行一趟观光车。

那就是每天两趟列车，两趟的话就是到达一趟，返程一趟是吗？

是的，从堤川开往阿乌拉吉站，然后再从阿乌拉吉站开回堤川。

站长，我听说旌善运行着韩国唯一的柴油车，是这样吗？

是啊，还有哪里像旌善这样呢？

现在使用电力的新型电力车恐怕是不能来旌善了，这里运行着柴油车“无穷花号”。

所以说这里和其他的车站是不同的，天空是很干净的。

정선
Jeongseon
KORAIL

那个，火车旁边插着的铁柱子是什么呢？

你指的是像床一样的那个？

那个就像是通行证一样，是火车的通行许可证。
司机必须拿到“通行证”，才能继续运行到下一站，
列车到终点站后要将“通行证”再交给站长。

那么就是说每次火车到站的时候，站长都要将通行证交给司机？

哈哈~虽然也有这样做的，但是通常那个“通行证”会固定放在某处，司机自己拿走自己返还。

哇~好想看一次啊，下趟列车什么时候来呢？

怎么办呢，今天的末班车已经走了。

啊，是吗？好遗憾啊！
那今天的车站旅行就这样结束了，非常感谢您。

现在我要爬上这列停止的货车。

旌善站

- ADD 江原道旌善郡旌善邑鹿领1路70-18
- TEL 1544-7788
- TIME 06:00~24:00
- WEB www.korail.com

SAMTAN ART MINE

- ADD 江原道旌善郡古汗邑古汗里咸白山路1445-44
- TEL 033-591-3001
- TIME 09:00~18:00
- PRICE 成人13000韩元，儿童12000韩元
- WEB samtanartmine.com

FEELING

#02

5日后再见

除了小时候，我几乎没怎么去过集市。所以集市对我来说很陌生，也让我更加好奇。所以我没有和始源一起去旌善站，而是来到了旌善5日集市。今天刚好是5日集市开市的日子，
听说我们午餐吃的那种高丽大蓟在集市上也有卖哦！

好久没来过这么热闹的地方了，
太有活力了，
这才是真正有人气儿的地方啊！

튀밥집

弄点给成员们吃。

哎呀！吓死我了，这是什么声音啊？
啊，爆爆米花啊！是一家爆爆米花的店啊！
真是好久没见过了，一定要买一个。

欢迎光临~

这个大包的多少钱啊？

10000韩元，刚刚爆出来的更好吃，尝尝。

哇！我真的可以吃吗？

当然了，你也可以自己装袋。

那给成员们买点吧。

旌善5日集市

- ADD 江原道旌善郡旌善邑旌善路1359
- TEL 033-563-6200
- TIME 每月2、7、12、17、22、27日

旌善阿里郎表演

作为韩国代表民谣《阿里郎》的故乡，旌善5日集市开市的时候，会在旌善文化艺术会馆举行旌善阿里郎公演。旌善阿里郎公演是以阿里郎节拍为主题的小规模音乐剧公演。票价是5000韩元，而且还赠送旌善阿里郎商品券。

- ADD 江原道旌善郡旌善邑凤阳3路21 旌善文化艺术会馆
- TEL 033-560-2566
- TIME 14:00~15:00（旌善5日集市开市当日）
- PRICE 5000韩元

F E E L I N G

0 3

在野花丛中享受自由时间

在旌善的春秋季节，能够体会到比郁金香、樱花更淳朴、更富有大自然气息的野花芳香。
在布满野花的东江生态体验场和被称作“天上花园”的晚项岭散步吧，再慢慢欣赏周围的风景，可以放松平日忙碌的身心。

哇，这里太棒了。

是啊！

好像郊游啊，好久没有这样闲暇过了。

我们再往后走走吧，仔细看，这真是个花园啊。

虽然不那么华丽，但是很漂亮，是吧？看那边，还有黄瓜呢。

什么都不做，就在这里坐着真好。

风也美，花也美，躺下来，还能很清楚地看山和天空。

周围全是花。

世界好像被泼上了绿色的染料。

始源啊，喂！

呀！李东海，你在干嘛？

东江生态体验场

这里作为珍稀植物栖息地，有很高的保护价值。在东江生态体验场能够了解到东江的动植物、地形、地质等相关信息和材料。春夏季节的时候，这里鲜花盛开，满眼望去全是野花。这里有长椅和八角亭可以用来休息，还有高空飞索。

·ADD 江原道旌善郡旌善邑东江路2908

晚项岭

作为韩国第六高山、野花群聚地的咸白山，与层峦叠嶂相连，走过旌善宁越路，便是被称为“天上花园”的晚项岭。无论是哪个季节来此，都能感受到其特有的美丽风景。从春到秋，这里野花盛开，尤其是每年8月召开的野花节，野花的繁盛达到了顶峰。

·ADD 江原道旌善郡古汗邑古汗里
·TEL 1522-9053
·WEB gogohan.go.kr

江陵

GANGNEUNG

这里的春天，有连接着樱花路的静浦湖，四季常青的森林，蔚蓝的大海，还有关东八景之一的静浦台和乌竹轩等名胜，这里还被称为咖啡圣地，这里就是江陵。江陵交通便利，从首都圈到岭西地区，东海南部连接东海高速公路，短的话20～30分钟，长的话两三个小时也能到达江陵。虽说很多人来这里是为了那些名胜古迹，但是来过一次江陵后，很多人还会再来。随着四季交替，换上漂亮的衣服来到这里，与美景融为一体，这自然让人向往，但是江陵的咖啡更令人难忘。

江陵旅行推荐路线

沿着静浦湖和静浦台骑自行车
3.5千米/自行车15分钟
参观许兰雪轩故居、乌竹轩等名胜
1.2千米/驾车3分钟
品尝草堂嫩豆腐
（以到达草堂嫩豆腐村为基准）
13千米/驾车30分钟
在TERA ROSA品咖啡
38.5千米/驾车40分钟
铜山港海边冲浪

ENJOY

#01

冲浪在东海

我知道在夏威夷和澳大利亚可以冲浪，原来在韩国也可以啊！
据说江原道竹岛铜山港海边、济州岛中门海边和釜山松亭海边都是冲浪的好地方。这也是这次旅行我最期待的行程。如果你想冲浪，即使没有装备也别担心，在竹岛海边有六七个冲浪小店，在这里可以租装备，还有专业冲浪手做指导。

始源啊，这里就是东海吧？

这里是江陵附近，确切地说应该是襄阳，怎么了？

好像不是东海，像是夏威夷啊！

是啊，这里真的是这样。

我一直不知道韩国也可以冲浪呢！

我也是不久前知道的，江原道襄阳和釜山、济州岛等地可以冲浪。有时候有波浪，有时候波浪会比较小，要碰运气。

surf's
DT
DTatsuno

这样的冲浪板要是买的话要多少钱呢?

"现在两位所使用的冲浪板大概售价在100万~300万韩元。"

是啊，看也能看出来。

东海啊，我去年学冲浪的时候听说有一种冲浪板比你看到的更狭窄，所以即使很小的冲击力，板子也可能会碎掉。

啊，是吗？那看来要小心一点啊。

是啊，快点走吧，太阳要落山了。

始源啊，你学的时候多久能在板上冲浪了呢?

刚开始失败了有三四次吧，然后就好了。那种快感无以言表啊，完全着迷了。

Murphy

不过，东海啊，今天能下海吗？

来到海边感觉水很凉啊，但是一定要试一次冲浪。
先学个基础吧！
老师，请先教我冲浪的基础吧！

“那就先从冲浪的基础划动和起跳开始学吧！先伏在冲浪板上，就这样让双臂划动起来然后下海，划动的时候要注意，不要全身都动，肩膀要保持不动，仅仅双臂划动。”

是这样吗？

펜션
东海，你说这里是哪里？
夏威夷，但是始源你打招呼的手举错了！

东海啊，首先做准备运动，先把脚放进水里吧。

啊，当把脚放进水里的时候突然打消念头了，再加上太阳落山了，水太凉了。

东海啊，我们今天玩滑板吧，我们去借一个滑板。

滑板好啊，走吧！
下次再冲浪吧，今天这样我已经满足了。

好像来到了夏威夷一样
Aloha!（夏威夷人问候语）

RIP CURL
surf's up
AL MERRICK
McCrystal

啊，好悠闲啊！
虽然不能正好看到东海和夕阳。

是啊，真的很悠闲。

始源啊，你别做艺人了，去做冲浪手吧，应该能做得很好，怎么样？
去夏威夷那样的地方每天练习冲浪。

好啊，都不用去夏威夷，这里就够了，连狗狗都好可爱啊！

汤米啊，你跟我回家怎么样啊？

那我得和Miu一起啊，Miu，我们回首尔吧。
东海，我好想养只狗啊。

是啊，你没养过狗吧？

虽然很想养，但是一次都没有养过，你呢？

小时候养过。

东海啊，狗狗对我来说有治愈作用啊。

是啊，那如果它们不和我们回首尔怎么办呢？

那只能我们留在这里了。

surf's up
Hour of operation

哦，东海，在玩滑板啊！

我玩滑板呢！

冲浪 SURF'S UP

在江原道竹岛海边和铜山港海边的冲浪店，这里的主人不是以冲浪为兴趣，而是做为享受生活的一种方式，除了墙壁和地面，还有板类和台阶等，都是他们自己布置和摆放的。第一次来到这里的人都会以为来到了夏威夷。这里还聚集了ROXY、BILLABONG等名牌冲浪板，还有泳衣、冲浪相关用品、防晒油等多种用品，除此以外，这里还可以租借滑板，当然也可以购买。这里还教授冲浪，在这里，你可以和吉祥物汤米和Miu度过一段美妙的时光。

- **ADD** 江原道襄阳郡县南面铜山大路17
- **TEL** 033-671-0549
- **WEB** www.facebook.com/surfshopkorea

MAKING

#01

始源的速溶咖啡与东海的滴漏咖啡

作为名副其实的咖啡之城，江陵拥有150余家咖啡厅，这儿的咖啡学校里，有大约22万人在学习烘焙咖啡。据说，江陵咖啡之所以有名是因为很多韩国国内的咖啡师都聚集在这里。先是在一两个地方兴起了咖啡热风，然后扩散到了整个城市，现在一提起江陵，人们就能想到咖啡。其实只要用心去品味就能感受到咖啡的芳香，但是如果想更深入地了解咖啡，就要来咖啡教室了，像我们这样。

东海啊，据说这里是全世界原豆聚集工厂。

那边堆了很多袋子的地方是储藏室，那前面的烘培咖啡的机器看到了吧？
那里的咖啡师从世界各地带来最优秀的原豆，一一鉴别味道后，开始烘培成咖啡然后发往全韩国。

哇，怪不得这里有种压力感，这里的人都在集中精神工作呢！

生豆的质量决定了烘焙好的咖啡的质量，必须要集中精神啊，
原豆在烘焙之后，会受到空气、光、温度等因素影响，为了让烘焙的原豆达到最好的效果，就要打造最好的环境。这里烘培好的原豆据说会被运往韩国300多个地方。

怪不得现在很少有不喝咖啡的人呢，我们不也是每天至少要喝一杯咖啡吗！

TITANIC
TASCHEN

这里的书籍全部是与咖啡相关的。

哇！世界上咖啡的相关书籍真多啊！

如果想要了解咖啡，就要好好学习啊！

就是说啊！别妨碍别人工作了，我们先安静地看看吧。其实这里并不向大众开放的。

原来如此，真的好好奇啊！每天只知道喝咖啡但并不知道咖啡是怎样做成的。

速溶咖啡 VS 滴漏咖啡

速溶咖啡

01 将在粉碎机中粉碎好的原豆粉放入干燥的过滤器中。

02 将密度调匀，在捣固器中用力按压。

滴漏咖啡

01 将过滤纸折好放入过滤器中，然后将准备好的原豆粉缓缓倒入过滤纸中。

02 滴漏壶中如果倒入温水，原豆粉会从过滤纸里开始顺时针方向旋转，漩涡慢慢变大，水会均一留下。

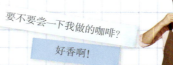

要不要尝一下我做的咖啡?

好香啊!

03 将过滤器安装在咖啡机上，开始提取咖啡。

03 需要重复两次，所以要再倒一次水。

始源的速溶咖啡

我做的是用速溶咖啡机做成的速溶咖啡。
是用速溶咖啡机专用的原豆粉在短时间内通过高压萃取而提取咖啡的一种形式。
很受欢迎的美式咖啡就是将速溶咖啡用水稀释后形成的。
与东海做的滴漏咖啡相比，速溶咖啡的香气比较淡，但是味道比较浓烈。

东海的滴漏咖啡

我今天学习的是用过滤器制作而成的咖啡。是利用重力，使水通过原豆落入壶中而提取到咖啡的一种形式。很多料理虽然都是配方相同，但是自己亲手做出来的味道就是和别人的不一样。滴漏咖啡也是，用哪种原豆，怎样磨，用什么水，怎样漏下，这都会影响到咖啡的味道，所以根据喝咖啡的人的口味，可以自由调整。能够精心地制作一杯咖啡也是非常有意义的。

始源啊，你要不要也尝尝我的滴漏咖啡？

是不是滴漏咖啡下漏之时也能散发出咖啡师的Style？

是啊！我是一点一点精心制作的，因为是第一次，所以很集中精神。

我之前也做过一次滴漏咖啡，第一次用速溶咖啡机的时候也格外认真。
东海你做的咖啡好喝吗？

你要不要尝尝？

哦，还不错，很香啊，你也尝尝我的速溶咖啡，也不错吧？

嗯，始源啊！你要告诉我速溶咖啡都经过几个阶段啊？这里放上水就变成美式咖啡了？

就是这样啊！

始源啊！你知道你喝了几杯速溶咖啡了吗？从刚才制作的时候就一直喝……

平时我不怎么喝速溶咖啡，今天一喝感觉味道很不错……
速溶咖啡好有魅力。

那现在你每天晚上不都喝速溶咖啡吗？像这样的？

那然后我不睡觉了？

也可能嘛。

平昌

PYEONGCHANG

坐拥太白山的平昌，总面积的60%都在海拔700米以上，80%以上都是山地。它三面环山，比同纬度地区温度低，夏天短。这里也是韩国下雪最多的地方。一年四季，这里都不缺乏游客，这里有龙坪度假村、Alpensia度假村，凤凰城滑雪场等有名的度假村，所以这里也被称为“冬城”。也正因为如此，这里被选为2018年冬奥会的举办地。除此之外，五台山国立公园和小金刚、大关岭三养牧场、香草王国、李孝石文化馆等也很有名，每年1月会在这里举办大关岭雪花节和鳟鱼节，每年9月在蓬坪面举办小说《荞麦花开之际》孝石文化节。

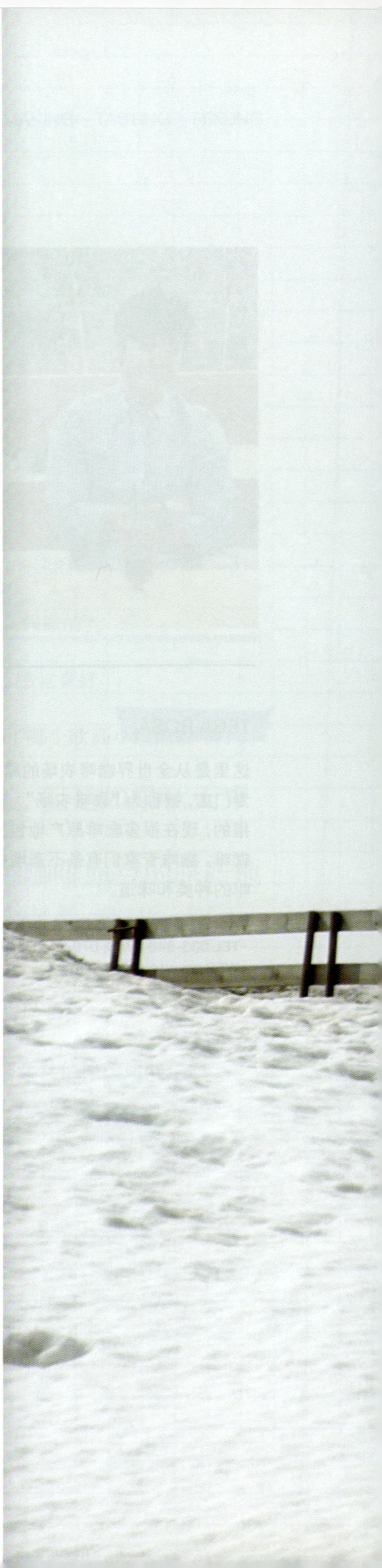

平昌旅行推荐路线

在三养牧场里与羊群嬉戏

14千米/驾车30分钟

在ALPENSIA度假村事先体验冬奥会

50千米/驾车55分钟

在可以与酒店媲美的民宿休息

10千米/驾车15分钟

在蓬坪荞麦村品尝荞麦美食

ENJOY

#01

在海拔700米的平昌

如果要在平昌留宿一晚，虽说有很多耳熟能详的大型度假村，但是有一些新型的民宿也可以试试。气氛非常好，可以让你享受一段特别的旅行。可以在院子里举行烤肉派对，夜晚在星光下可以度过美妙的时光，平昌路上布满了这样那样的民宿。

崔始源，给我烤肉吧！
别吝啬，都烤上！

嗯～闻到香味了。

在火前面待得好热啊！东海啊，我们去游泳池泡脚吧？

啊，都说江原道比较冷的，但是我感觉很凉快啊！

啊，果然很舒服。

江原道很合我胃口。
有东海，这个民宿的小不点儿也很可爱。
我真想从小孩子开始重新成长啊，可爱的小孩子。
下次还要来这样的民宿，来这样的游泳池。
太有趣了！

东海啊，你肯定能成为好爸爸。
你要是生一个和你一样的小孩就好了。

哇！看天空，星星真的在眨眼啊！

是啊，空中全是星星啊，果然是江原道的天空。

如果我们的成员都能来这里该多好啊！

束草

SOKCHO

位于江原道北部东海岸的束草，虽然没有铁路，但是交通是很方便的。束草面向北边的古城，西边的麟蹄，南边的襄阳，即使是从首尔来也是很方便的。束草的魅力不需要言语也早就闻名于韩国，来过一次就会再来，不仅是江原道，在整个韩国，它也是一座人气之城。束草有被称为国民之山的雪岳山、清爽的大海和充满活力的港口，以及虽然在市中心但依然很宁静的湖水。新鲜的海鲜就不用说了，各种海产品烘烤、万石炸鸡块、阿巴依米肠等美食更是让人流连忘返，还有失乡民村富有情趣的各种事物。这才是真的幸运地。

束草旅行推荐路线

品尝烤鱿鱼和万石炸鸡块 → 3千米/驾车5分钟 → 乘坐手拉渡轮到达阿巴依村 → 5千米/驾车10分钟 → 大浦港和卖生鱼片的人砍价 → 10千米/驾车30分钟 → 在永郎湖边散步 → 14千米/驾车35分钟 → 乘缆车到达雪岳山

ENJOY IN 平昌

平昌特别的民宿度假村

TOUCHSKY民宿

TOUCHSKY民宿连续3年获得了品牌大奖，比普通民宿的规模几乎大了三倍，不管是客房还是华丽的外观，还是最新的设施，不亚于高档酒店。每个客房都配有烤肉场地以及各种娱乐设施，夏天的时候，还可以观看大屏幕电影，还有游泳池可以玩水，可以看出民宿主人温馨又热诚的服务。这里离凤凰城滑雪场很近，驾车的话大概3分钟。

· ADD 江原道平昌郡蓬坪面安兴东路70-99
· TEL 033-332-0220
· WEB www.touchsky.kr

LOHASPARK度假村

LOHASPARK度假村如同欧洲的瑞士、美国的科罗拉多等世界度假胜地一样，有很高的人气。它坐落于海拔700米的平昌，它的周边有100万平方米的森林以及大规模的度假村园区，山林中还有好玩漂亮的小木屋，环境也很清幽。仿佛童话里出现的那种欧洲风主题房间，火炉上还放着披萨和意大利面。度假村内还设有咖啡厅、科学体验馆、美术馆、户外游泳池、四季雪橇场等各种有趣的场所。

· ADD 江原道平昌郡龙坪面小道士路162-49
· WEB www.lohaspark.net

Experience Note

提前见面的 2018冬奥会

2018年平昌将举办冬奥会，虽然还有很久，但是从滑雪场到滑雪场跳台、越野赛场等，ALPENSIA度假村正在积极筹备。在几年后，这里将充满世界各国人们热情的呐喊声。

ALPENSIA度假村

ALPENSIA度假村是世界级会议中心，跳台滑雪、滑雪射击、越野赛、长橇比赛等冬季运动项目需要的设施都具备。冬季运动场地是大概可容纳15000人的主体育场，2018年平昌冬奥会的开幕式和闭幕式将在这里举行。

- ADD 江原道平昌郡大关岭面松凤路325
- TEL 033-339-0000
- WEB www.alpensiaresort.co.kr

龙坪度假村

这里作为四季综合度假地，非常受家庭团体游客的欢迎。2018年冬奥会高山滑雪项目中的回转和大回转项目将在这里举行。

· ADD 江原道平昌郡大关岭面奥林匹克路715
· TEL 1588-0009
· WEB www.yongpyong.co.kr

凤凰城滑雪场

这里在年轻的滑雪板爱好者中很有人气。2018年平昌冬奥会自由滑雪项目和滑雪板项目将在这里举行。

· ADD 江原道平昌郡蓬坪面泰机路174
· TEL 1588-2828
· WEB www.phoenixpark.co.kr

束草

SOKCHO

位于江原道北部东海岸的束草，虽然没有铁路，但是交通是很方便的。束草面向北边的古城，西边的麟蹄，南边的襄阳，即使是从首尔来也是很方便的。束草的魅力不需要言语也早就闻名于韩国，来过一次就会再来，不仅是江原道，在整个韩国，它也是一座人气之城。束草有被称为国民之山的雪岳山、清爽的大海和充满活力的港口，以及虽然在市中心但依然很宁静的湖水。新鲜的海鲜就不用说了，各种海产品烘烤、万石炸鸡块、阿巴依米肠等美食更是让人流连忘返，还有失乡民村富有情趣的各种事物。这才是真的幸运地。

束草旅行推荐路线

- 品尝烤鱿鱼和万石炸鸡块
- 3千米/驾车5分钟
- 乘坐手拉渡轮到达阿巴依村
- 5千米/驾车10分钟
- 大浦港和卖生鱼片的人砍价
- 10千米/驾车30分钟
- 在永郎湖边散步
- 14千米/驾车35分钟
- 乘缆车到达雪岳山

ENJOY

#01

去束草的特别方式

一般爬山或者进村都是徒步的对吧？但是在束草，就试试别的方式吧！如果徒步的话，想要登上雪岳山，需要4个小时，但是乘坐缆车只需要7分钟。如果去失乡民村感受历史遗迹，可以乘坐手拉渡轮。

雪岳山缆车

雪岳山缆车从1970年至今是雪岳山最有人气的设施，旺季的时候，如果想乘坐缆车，就要早上很早赶过来。缆车从小公园出发，沿途可以观赏到权金城一带的奇岩绝壁。从缆车上下来后，走20～30分钟便能够到达被称为雪岳仙境的权金城。

· ADD 江原道束草市雪岳山路1085
· TEL 033-636-4300
· TIME 09:00～17:30（冬季），07:30～19:00（冬季）
· PRICE 成人9000韩元，儿童6000韩元
· WEB www.sorakcablecar.co.kr

阿巴依村

这个村落是由青草湖边的失乡民们落户而形成的。由于这里是电视剧《蓝色生死恋》和综艺节目《两天一夜》的拍摄地，所以，这里成了韩国有名的观光胜地。虽然这里与青湖大学相连，但是还是很多人依然乘坐手拉渡轮来到这里。这里的阿巴依米肠和咸兴冷面非常有名。

· ADD 江原道束草市阿巴依村1路
· TEL 033-635-2003
· WEB www.abai.co.kr

Experience Note

寻找需要排队才能享受到的束草终极美食餐厅

束草不仅有大浦湖和东明湖的海鲜，还有阿巴依米肠、竹蟹、烤海鲜等，这些都是即使你睡着了闻到它们的味道也会醒来的特产美食。这些美食虽然在束草随处可见，但是有些餐厅门前还是排满了人。现在就来介绍一下需要排队才能享受到束草终极美食的人气餐厅。

SOLAEOMMA 炸品店

在大浦港有很多炸品店，但有一家总是会排很长的队，这里就是有着25年历史的Solaeomma 炸品店，这里的炸品与其他地方相比有着压倒性的优势，那就是材料新鲜，口感焦脆。在这里还能品尝到将鱿鱼整个处理后，放入糯米饭、芜菁、胡萝卜、洋葱、苏子叶的鱿鱼米肠。进入大浦港炸品店一条街，排队人最多的地方就是这里。

万石炸鸡块

这家店成立于1983年的束草中央市场，当时并没这么有名。经过30年的不断努力，现在这里的炸鸡块非常有名。这里使用的并不是普通店里用的设备，而是在200摄氏度以上的锅中油炸，这样能够让鸡肉保持最原始的味道。这里还有酸酸甜甜的酱料可以蘸着吃。这家店总店在束草中央市场，在世博会公园和首尔乐天百货有分店。

阿巴依米肠

和朝鲜失乡民的粉条版阿巴依米肠不同的是，这里的阿巴依米肠里面放有肉、糯米和蔬菜。阿巴依村拍摄《蓝色生死恋》和《两天一夜》后名气大增，乘坐手拉渡轮到对面的观光水产市场便能品尝到热腾腾的阿巴依米肠。

束草竹蟹

束草竹蟹虽然没有盈德竹蟹那么有名，但是吃过的人都说束草竹蟹也有盈德竹蟹没有的味道。相比来看，束草竹蟹物美价廉，所以更有人气。在束草的大小港口以及水产活鱼中心等地都能品尝到。

每一片瓦都展现着优雅线条的韩屋村，布满美丽丹枫的潭阳林荫路，艺术大变身的光州大仁艺术市场，双年展之乡、活在历史和文化里的光州乡校等地，光是想着就已经心潮澎湃，决心一定要探寻到那些不为人知的全罗道魅力。

03

全罗道

JEOLLADO

SUPERJUNIOR's EXPERIENCE KOREA

全州
潭阳
光州
顺天
忠清道

介绍美丽的全罗道和忠清道的是Super Junior的成员我和神童哥。
实际上，因为工作关系偶尔也会到全罗道和忠清道来，但如此深刻的感受却是从未有过的。
与我不同的是，神童哥由于出生在益山，所以比我更了解全罗道。因此，我们会以神童哥记忆中的地方为旅行的起点，以跟着哥一起玩为基础，我们要一起逛全罗道和忠清道了！

颜色健康的蔬菜，再放上澄黄的鸡蛋的全州拌饭，总是让我想起的热乎乎的豆芽汤饭、摆满一整桌的丰盛的韩式套餐、入口即化的韩牛味道光州煎肉饼、香香甜甜的潭阳年糕排骨、很下饭的顺天蟹酱等，想想就口水直流，除了令人期待的美食，这里的风景更迷人，每一片瓦都展现着优雅线条的韩屋村，布满美丽丹枫的潭阳林荫路，艺术大变身的光州大仁艺术市场，双年展之乡、活在历史和文化里的光州乡校等地，光是想着就已经心潮澎湃，决心一定要探寻到那些不为人知的全罗道的魅力。
而忠清道靠近首尔，能更近距离地享受内陆寺庙和海边闲暇时光。印象深刻的是用美味的海产做的料理，收获的水果既新鲜又好吃。但是我最喜欢忠清道的原因是这里有多种的休闲活动。刺激的漂流和ATV，船钓和跳伞滑翔运动等，既享受又能玩得很畅快，真的很喜欢。这次全罗道和忠清道的旅行是从味道到风景，从典雅到现代全都体验了一下的特别旅行。在美丽的时节，去看看全罗道的力量和忠清道的天然吧！

ENJOY

射箭比赛
谁
会赢呢

TASTING

味蕾的
新标准！
全州的韩式套餐

FEELING

铺满黄色银杏树叶的
全州乡校里
享受秋天

FEELING

在雅致的
林荫道上
成为“秋天般的男人”

ENJOY

让艺术家
灵感闪闪的
大仁艺术市场

MAKING

亲手腌制的
泡菜
更好吃

MAP & INFO

和忠清道交界的全罗道，是由岛屿、海岸和肥沃的农田组成。富饶的大自然给予了绿色健康的材料，用新鲜的食材做出的美味食物是全罗道的骄傲。在路上随便走进一家店，就可以尝到很下饭的美味，整洁的桌上摆设展现出了全罗道美食的魅力。说全罗道旅是美食之旅也不为过。除美食之外，这里还有韩屋村和潭阳水杉林道和潇洒园，夕阳很美的顺天湾自然生态公园，丽水的冬栢岛、道梧桐岛等适合放松旅行的新地标。被大地的气息和大海的悠然环抱的忠清道，从首尔过来只要1～2个小时的时间，托地理优势的福，有众多的旅客前来观光。这里最大的优势是内陆的美景和大海的清凉都能感受到，在这里欣赏鸡笼山的山色和俗离山的美丽枫叶，在泰安郡安眠岛享受海水浴后，还可以品尝到虾或贝类等著名的海产品美食。

陶艺村
公州
전주
한옥마을
全州
潇洒园
潭阳
顺天公开拍摄场
형제자전거
顺天
双年展馆
光州

全州

JEONJU

从全州的名字就可以知道，它是全罗道具有代表性的城市（全罗道取自全州和罗州的首字）。从首尔来到这里，乘坐KTX的话需要2个小时，普通火车需要3～3.5个小时。这里有雅致的韩屋村，作为全罗道旅行最受游客欢迎的城市，全州拥有很多的咖啡厅和民宿，也正因如此，游客逐渐递增。不是只有国内的旅客，国外旅客也络绎不绝。充满美味和美景的全州除了能体会到韩屋的优雅，还有开满美丽莲花、韩风十足的德津公园，还有洋溢着青春活力的南部市场等，这里可玩可逛的太多了。另外还有全国首屈一指的美味的全州拌饭、米酒、传统茶、豆芽汤饭、韩式套餐、石锅排骨，在这里都能享用到。

全州旅行推荐路线2天1夜

第1天

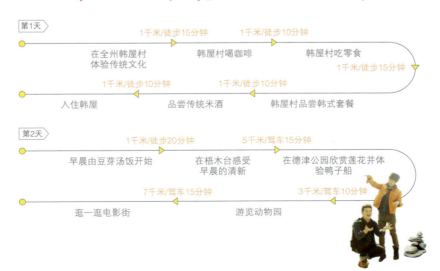

- 在全州韩屋村体验传统文化
- 1千米/徒步15分钟
- 韩屋村喝咖啡
- 1千米/徒步10分钟
- 韩屋村吃零食
- 1千米/徒步15分钟
- 韩屋村品尝韩式套餐
- 1千米/徒步10分钟
- 品尝传统米酒
- 1千米/徒步10分钟
- 入住韩屋

第2天

- 早晨由豆芽汤饭开始
- 1千米/徒步20分钟
- 在梧木台感受早晨的清新
- 5千米/驾车15分钟
- 在德津公园欣赏莲花并体验鸭子船
- 3千米/驾车10分钟
- 游览动物园
- 7千米/驾车15分钟
- 逛一逛电影街

ENJOY

#01

书生们的“乡射礼”

在全州必须要体验的是“乡射礼”。听起来有点陌生吧？书生们把射箭叫做“乡射礼”。自古以来，书生们不仅要精通学问，也要精通武艺。所以书生们也要接受像射箭这样的武艺教育。通过这种教育，学习礼节和精神修养。怀着如同朝鲜时代的书生们一样的心境，和银赫来一场善意的战争。别说我会输哦！

BY 神童

“乡射礼”？听起来很陌生。

“乡射礼”是书生们射箭用的礼节，
与其说是比武，更像是一种精神修养。
韩剧里的书生们就算不是武士也都会射箭的哟！

哇~像这样射箭,
不觉得我很像古时候的人吗?

姿势不错啊? 我的姿势貌似也还行啊?
像往常一样来打个赌吧?

好啊!
输的人请吃午饭和咖啡!

好的!

哥, 这个超难的。
只能用两只手指抓住弓。

嗯, 很难用上力。看射箭选手比赛的时候
还觉得我也能做得很好呢。

哇~7分! 我赢了!

全州传统文化研修院

继承古代书生精神的全州传统文化研修院，会教授当代学生和爱好者们学问和古代礼仪，有"乡射礼"等体验活动。此外还在官网上准备了各种可以参与的节目。由朝鲜初期建立的正堂和独立运动家张铉植先生的故居组成的传统文化研修院，是在全州最想要推荐的值得一去的地方。

- ADD 全北全州市完山区乡校路 119-6
- TEL 063-288-9342
- WEB www.dongheon.or.kr

ENJOY

#02

在全州，人人都能当书生

像朝鲜时代的书生们射过箭之后，我们当然也要学一下礼仪！书生与书生正式见面的礼节叫做士相见礼，遵守到家里拜访的礼仪，是相互尊重的表现。怀着对彼此尊重的心，问候的时候，对比自己辈分高的人行礼，手要与眉毛齐平，同辈的人手放在人中位置，对晚辈手则放在胸口位置。那我对神童哥行礼就得手抬到眉毛才行？还是放在人中位置就可以？

这很适合你啊！哥。

穿上一套这样的衣服
就感觉真的成了书生。

虽然穿的袜子是个败笔，
但这衣服对于我们两个都挺合适的嘛。

在韩屋村穿着这样的衣服
就像回到了朝鲜时代一样。

好像时光穿梭吧?

但是我要回到朝鲜时代的话，
比起学习学问和武艺，我应该会更喜欢躺
在檐廊上看着天空欣赏屋顶的木椽吧。

悠悠闲闲的感觉最好了!

行礼时，男人是左手放在右手上面，
盖住拇指，有种从膝盖开始往上抽水的感觉，
把手抬起来再放下。
问候的时候，对辈分高的人手要放在眉毛处，同辈的人放在人中处，晚辈放在胸口处鞠躬。
来试试看？

哥！我怎么比哥矮一截啊？
为什么手要贴着胸口行礼啊？

银赫
你比我年纪小嘛！

哥！

怎么样？是不是很有书生范儿？

MAKING

#01

蕴含着香味并诉说着文化的家酿酒

家酿酒顾名思义就是“在家酿出的酒”。韩国从古时候开始居民家就会用好的材料来酿酒，每个地方、每家每户都酒香四溢。可惜的是被日本强占后，因管制私酿酒，家酿酒的种类由几千余种锐减至300多种。对此很担忧的全州酒博物馆正为了重拾和传播家酿酒的工艺而不懈努力。这次我们体验的家酿酒是米酒。在浊酒中倒入水，然后过滤出的酒就是米酒。亲手酿出的米酒就算是不胜酒力的我也会贪杯，超好喝！

银赫啊，现在我们正在进
行酿酒的第一步。
我浇了水，好好地和一和。

恩，老师说，为了让水完全地被吸收，
就要像洗衣服一样不停地揉搓。

好像发生反应了。闻闻，有什么味道出来了？

什么味道也没有啊？

不是有股面粉的味道吗？

哥的嗅觉真好，没错，就是面粉的味道。

好了，要搓到
圆滚滚像球一样，然后扣上模具。

这样就成型了，在模具中成型，但是要做得漂亮真的很难。
还以为搓圆是件很容易的事呢！。哥做得不错。

想不到我手还挺巧的。接下来就是放进模具里，
用力压紧，用布扎起来才行。看我的吧！我很厉害的。

接下来就是用脚踩了对吧?

用脚后跟狠狠地踩。像这样过滤之后
就会剩下酒糟,
家里条件很困难的时候,还把这个当过
饭吃。

那么,哥,你不会醉吗?

就是说啊,虽是肚子饿才吃的,
也是会醉的吧?
还是说只闻得到香味,但其实醉不了?

掀开盖子
酒味一下子涌了上来,
我感觉都有点醉了。

米酒取的时候要用力挤压。

哇！哥你力气好大，真的压出好多。

哇！颜色好漂亮和生吃的酒糟不一样，既粘稠又不是很甜。

我还是第一次喝米酒呢！市面上有像这种完全纯手工酿制的米酒吗？

会很难找吧？这么说来银赫你还赚到了呢，第一次喝就是亲手酿的！

嗯！喝到纯正的米酒了！市面上卖的也是这种味道吗？

不是，很不一样。市面上的更粘稠，味道更浓厚。

真的很好喝。吃着饭，再喝上一口，我居然吃出了水正果一样的味道。心情一下子变好了。

你在这醉了可不行啊……

好想带给我们成员们喝，不过在那之前我好像都要喝完了。

全州传统酒博物馆

水里盛着火的传统酒博物馆抛开了酒馆的名义，为了家酿酒文化和传统酒文化的传播而努力着。在这里可以查阅与酒相关的材料，也可以体验家酿酒的制造过程，或是购买传统酒，对于喜欢喝韩国酒的人来说，没有比这更好的地方了。

- ADD 全北全州市圆山区韩知街74
- TEL 063-287-6305
- TIME 09:00~18:00
- WEB www.urisul.net

TASTING

#01

光看就很过瘾的全州韩式套餐

在全州你可以品尝到摆满整张桌子，让你瞠目结舌的韩式套餐。桌上摆满了各式小小菜拼盘、排骨、苔菜饼、米酿饮料等传统小吃，能够让你尝遍韩式料理，再也不用羡慕西餐了。这里是按整桌来定好价格的，一般是按照4人标准。虽说两三个人来吃的话会有些负担，但也别担心吃不完哦！

提起全州的韩式套餐，
最先想到的是
那满满一桌的饭和小菜。

暖和的炕头！
大大的桌子上排得满满的，
好吃的菜肴！

神童哥你知道的真多！像个全州专家一样！

我是益山长大的嘛！全州就是我家。

全州，真是个好地方。好羡慕神童哥！
听说全州有很多好吃的，却不知道竟然这么丰富。

韩式套餐、全州拌饭、豆芽汤饭、红豆粥等等，在全州有好多好多吃的，
我都不知道该先介绍哪一样了！

哥，像这样这么多美食摆满一桌才叫韩式套餐吗？

不是吧，难道不是因为在韩国才叫韩式套餐的吗？

是吗？不管怎样都很好吃！蔬菜沙拉也很爽口，
煎肉饼很清淡。真难选择先从哪个开始吃。

这个，那个，都吃吃看。我已经不得不迷上韩式套餐了！

宫

这是一家全州自古留传下来专营韩式套餐的饭店。这里以9种基础小菜和17种套餐为主，随季节还会有所多变动和增加。这里也是将华丽的宫廷饮食与韩式套餐相结合的高级料理店。这里虽不是韩屋，但有和韩屋一样的格调——东方简约利落的装潢。这里不仅是把美食摆在桌上，而是冷热搭配，在最合适的时机才端上桌。

- ADD 全北全州市圆山区银杏路54-1
- TEL 063-227-0844
- TIME 10:00～21:00
- PRICE 4人份160000韩元起
- WEB www.goong.co.kr

满满一桌都是全州的味道

BLUE PEKOE

这是一家位于传统韩屋村内，专营异彩纷呈的红茶的茶坊。在与韩屋风格相称的、优雅的屋瓦下，各式各样的装饰和异国风情的瓷砖更突显了独特的格调。室内装潢很漂亮，寻找专营红茶的茶坊是很难的，所以这里受到红茶爱好者的追捧。在韩屋里，举手提起与红茶品位相投的古朴茶壶，感觉着满满的一壶红茶，意境非凡。隐隐约约的红茶香、亲手做的司康饼和奶酪蛋糕，让这里成为全州韩屋的新宠。

· ADD 全北全州市圆山区银杏街74
· TEL 063-284-2223
· PRICE 红茶6000~7000韩元，美式咖啡4000韩元，司康饼5000韩元

1

缺翻译

2

PNB丰年制果

1951年开业，在全州是历史悠久、名声最响的面包店。这里一度被连锁店排挤，差点失去立足之地。随着来韩屋村的游客增多，这里和有名的群山李盛堂面包店、大田圣心堂面包店成为延续地区历史文化的名店。这里最引以为豪的是，所有产品使用的都是韩国国产的食材。为准慕名而来的人有很多。这里的花生煎饼干和巧克力派很有名。

· ADD 全北全州市圆山区八达路180
· TEL 063-285-6666
· TIME 09:00~22:00
· PRICE 煎饼干7000元，巧克力派1600元

没有名字的咖啡店

这几年新开了很多咖啡店，这是一家最早期在韩屋村站稳脚跟的。占据一整面墙的大落地窗、幽雅的小花园和厚重的铁门，一眼望去的地方就是这家无名咖啡店，也被叫做铁门咖啡店。推开厚重的铁门走进去，中间开放式的咖啡吧可以看到咖啡的制作过程。桌子周围有宽敞的座位，如果坐在窗前的小桌子的话，就能一清二楚地看到韩屋村的大路，坐在那里晒着太阳，享受闲暇的时光。有时会有年轻艺术家来举办个展以博人眼球。

- ·ADD 全北全州市圆山区银杏路52
- ·TEL 063-232-1153
- ·PRICE 草莓冰沙7000韩元，美式咖啡5500韩元
- ·WEB blog.naver.com/nncoffeentea

3

4

贵人家酒

如果说全州满桌的下酒菜和著名的米酒会让你感到有负担，那么就向大家推荐贵人家酒这家店。这里是出售不添加糖精的传统宋明燮米酒的地方。老板特供的有名的米饼，清爽的味道很值得品尝。地处在韩屋村的并不繁华的位置，不接受团队游客，因此不会很嘈杂。这里经营不添加化学调味料的下酒菜和味道温和的米酒，是家反璞归真的米酒店。

- ·ADD 全北全州市圆山区东门街56
- ·TEL 063-282-4009
- ·TIME 17:00~01:00
- ·PRICE 宋明燮米酒15000韩元，米饼10000韩元

5

散步

这是一家在韩屋村气氛很别致的意大利餐厅。瓦片天花板加上大窗，即使是处在韩屋村，却一点都没有违和感。开放的厨房与高高的天花板和木椽组在一起，给人以很帅气的感觉。这里有不亚于首尔的有名意大利饭店的意大利面和披萨，尤其是加有戈根索拉奶酪的鱿鱼墨汁披萨以及用蔬菜、烤蘑菇做的蘑菇沙拉非常有名。

ADD 全北全州市圆小区银杏路46
TEL 063-283-3773
PRICE 披萨·意大利面15000韩元

6

吊桶豆芽汤饭

虽然代表全州的豆芽汤饭的店家有很多，但这里特别的原因是在韩屋村很好找，使用无农药的黄豆芽，制作而成的配菜味道也非常棒。全州的豆芽汤饭从吃法上就不一样，一定要尝一尝的全州的风味。晚上饮上一杯暖暖的窖底酒会更好。

·ADD 全北全州市圆山区银杏路68-12
·TEL 070-8635-9298
·PRICE 豆芽汤饭5000韩元，窖底酒1500韩元

在全罗道可以品尝到韩式套餐的地方

全罗道韩式套餐既丰盛又好吃的传说无人不知。新鲜的时令蔬菜和令人惊讶不已的料理手艺和花样，再来一次还是会赞叹它的味道。能品尝到全罗道韩式套餐的地方有很多，每家韩式套餐都有自己的特色。现在就来介绍一下来全罗道一定要去上一次的韩式套餐店。

全州 宫

- ADD 全北全州市圆山区银杏路54-1
- TEL 063-227-0844
- TIME 10:00~21:00
- PRICE 4人160000韩元起
- WEB www.goong.co.kr

全州 月光

- ADD 全北全州市圆山区银杏路70
- TEL 063-283-5995
- TIME 11:00~22:00
- PRICE 4人份100000韩元起（午餐特价80000韩元）

全州 贵族家

- ADD 全北全州市圆山区崔明姬街30-2
- TEL 063-282-0054
- TIME 11:00~22:00
- PRICE 韩式套餐4人份100000韩元
- WEB www.yargbanga.co.kr

全州 多门

- ADD 全北全州市圆山区银杏路74-10
- TEL 063-288-8607
- TIME 12:00~16:00, 17:30~22:30
- PRICE 家庭套餐10000韩元起

潭阳 传统食堂

- ADD 全北潭阳郡古西面古邑岘街38-4
- TEL 061-382-3111
- TIME 11:30~22:00
- PRICE 1人份20000~40000韩元

潭阳 潭阳爱花

- ADD 全北潭阳郡凤山面竹香大道723
- TEL 061-381-5788
- TIME 11:30~20:30
- PRICE 牛肉年糕排骨套餐20000韩元
  猪肉年糕排骨套餐11000韩元

潭阳 尹淑韩式套餐

- ADD 全南丹阳郡月山面潭长路143
- TEL 061-381-7766
- PRICE 年糕排骨套餐28000韩元，
  竹筒饭12000韩元

光州 大光

- ADD 光州市东区西石路7号街5
- TEL 062-223-3598
- TIME 12:00~22:00
- PRICE 煎肉饼24000韩元

光州 美味馆

- ADD 光州市东区百色路218
- TEL 062-228-3131
- TIME 10:00~22:00
- PRICE 煎肉饼24000韩元起

光州本源

- ADD 光州市北区云涌路79
- TEL 062-525-3332
- TIME 10:00~23:00
- PRICE 本源套餐4人份120000韩元起
  午餐特别推出黄花鱼干套餐30000韩元起

顺天 大元食堂

- ADD 全北顺天市长天2街30-29
- TEL 061-744-3582
- TIME 11:30~21:00
- PRICE 4人份100000韩元起

顺天 套餐食堂

- ADD 全北顺天市帕马3路6
- TEL 061-727-3737
- TIME 11:00~15:00, 17:00~
- PRICE 韩式套餐4人份80000韩元，
  2人份50000韩元

FEELING

#01

躺在暖暖的长廊上

和家乡的朋友们聊天，有几年时间经常跑到全州的民宿来。
不只是民宿，现在还有很多韩屋私宅。想要享受韩屋的悠闲的人们会来这里。我想起第一次在韩屋过夜的时候，寒冷天气非常令人担忧。新建的韩屋通过内部整修，不用再担心太冷或是太热。想要感受从窗户纸照进来的热气满满的阳光、开阔的庭院以及好心情的早晨就来韩屋住上一晚吧！

银赫啊，你知道吗？
虽然在全州的韩屋村周围转转很不错，
但更棒的还是在韩屋住上一晚。

可以在韩屋里住吗？

韩屋村里有阁楼式的韩屋,
也有古时候的韩屋真迹,虽然装修成了现代式,但还是保留了韩屋的意境。

和朋友们在这样的韩屋里睡一晚上会很有意思。
早上醒来在庭院里做个早操,
坐在地板上喝杯茶,
在暖烘烘的火炕房里吃个红薯,
看着阳光从门扉里透进来,
起床就会感到很幸福。

真的很有意思。
一定要来试试看。
如果不是寒冷的冬天的话,
就更好了!

看到什么了？看到美丽的院子了吗？
没有，看到可爱的放酱缸的台子。

由于行程总是很繁忙，很难抽出空来休息。
一直想要坐在檐廊下，看着盛开着花花绿绿的美丽花朵的小庭院感叹说：“啊！这里的生活真是悠闲啊！”
满满的都是幸福。
凉爽宽阔的庭院相当不错，悬挂在屋檐上的风铃在眼前摇曳着发出轻快的声响，白色砖墙围砌的静谧的庭院很受青睐。
在首尔这样的水泥森林待久了会感到烦闷。所以，周末人们就会到山里来踏青。懒洋洋的，暖烘烘的阳光很耀眼，这段时光、这样的旅行会在记忆中留很久。经常想起旅行中的某个瞬间，持续地回想起旅行中的某个场所，这次的旅行地就是这个小小的韩屋庭院。

你好！我们是在全州的SuperJuni~or!
在这里见吧！

Experience Note

全罗道
可供住宿的
韩屋

在韩国民宿最多的要数济州岛，传统的韩屋住宿有名的地方就是全罗道的全州。普通的民宿或者家族的私宅都是可以留宿的地方，在这里，你有可能和各类人群相遇，可以享受到天然染色或是茶道体验等多样的传统体验，可以尽情体验散发着不同魅力的韩屋。来全罗道的话，一定要在韩屋过上一夜，体验一次。全罗道到处都有韩屋住宿。

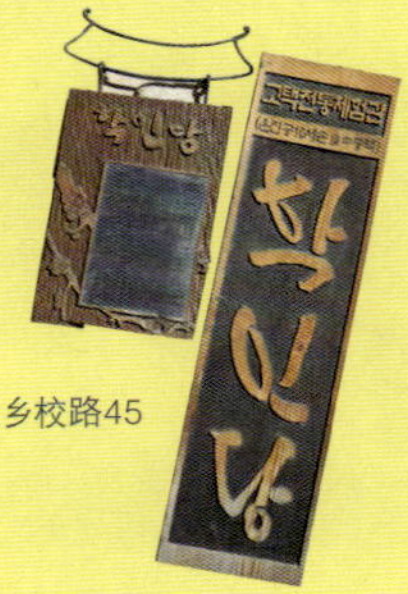

全州 学忍堂

- ADD 全北全州市圆山区乡校路45
- TEL 063-284-9929
- WEB from1908.kr

全州 同乐园

- ADD 全北全州市圆山区银杏路33-6
- TEL 063-287-2040
- WEB www.jkhanok.co.kr

全州 HANOKROOM

- ADD 全北全州市圆山区崔明熙街11-5
- TEL 010-9833-7758
- WEB cafe.daum.net/hanokroom

全州 洪兰美宅

- ADD 全北全州市圆山区崔明熙街8
- TEL 010-6857-1238
- WEB blog.daum.net/hongranmiduk

全州 清明岘

- ADD 全北全州市德津区银杏路39
- TEL 063-287-1677
- WEB www.chmh.co.kr

全州 石银堂

- ADD 全北全州市圆山区崔明熙街26-47
- TEL 010-3854-1153
- WEB blog.naver.com/g_sieon

潭阳 在韩屋

- ADD 全北潭阳郡昌平面石墙街88-9
- TEL 061-382-3832
- WEB hanokeseo.namdominbak.go.kr

全州 gdsr

- ADD 全北全州市圆山区全州钱洞路66-1
- TEL 010-9043-6743
- WEB gdsr.net

顺天 李圣宰

- ADD 全南顺天市桥梁1街52
- TEL 061-741-3929
- WEB www.yisungjae.co.kr

顺天 乐安邑城内草屋体验

- ADD 全南顺天市乐安面忠民街30
- TEL 061-749-8831
- WEB nagan.suncheon.go.kr/nagan

FEELING

#02

韩屋村漫步

在全州，最能近距离感受秋天的地方就是全州乡校。这里是很多电影和电视剧的取景地，对我来说也是个非常熟悉的地方。全州乡校有很多保留着悠久历史的韩屋，从周边古老的枫树和银杏树来推算，就可以知道屋舍的年纪。看着枫叶和银杏叶从古老的屋檐飘落下来，不禁让人深深陶醉其中。安静的走着斑驳的石墙路，此刻的心境让人难以忘怀。

BY 神童

神童哥经常到全州来吗？
看来很了解的样子，
为什么最喜欢秋天呢？

虽然全州四季都很美，
但在我看来，
秋天是最美丽的。

喜欢和韩屋很搭的春天的山青水绿，
也喜欢夏天的清凉，
冬天走过白雪皑皑的石墙路更浪漫。
不过，还是那色彩斑斓的秋天与韩屋的搭配最完美。
黄色的银杏叶铺满整个地面，很是优雅，
像小孩手掌一样的枫叶也很可爱，
可以看到某家的庭院里挂着摇摇欲坠的柿子，
木瓜也散发着香气，秋天被美丽的色彩填满，
庄稼也丰收了，真是个幸福的季节。

就是说能产出很多
好吃的水果！

没错！

虽然大街小巷错综复杂，但还是想把所有的胡同都欣赏一遍。
就算迷路也是件好事。

在秋天，闲步而来的全州名地

1

全州乡校

全州乡校在许多电影和电视剧里成为影视基地，因此我们也很熟悉。流传是在朝鲜时代建立，据说全州乡校在负责儒学教育的乡校中规模最大，模仿成均馆制造而成，因此了也被称为首都乡校。在大成殿内供养着孔子和孔子的弟子们，以及我们国家的儒学者们的位碑，经过大成殿后的一个小门，可以看到明伦堂和东斋、西斋。建筑中陈旧的椽木以及木头柱子完好如初地向我们展现着那段历史。据说在秋天大成殿内有三棵更加雅致的，超过400年的银杏树，而儒学者们就像在病虫害中坚强的银杏树一样，有望成长为一个坚强、正直、勇敢的人。

全罗北道物质文化遗产7号

- ADD 全北全州市万山区乡校路139
- TEL 063-281-2168

2

殿洞圣堂

这是和韩国天主教有着同样历史的殿洞圣堂，也是全罗道最久远的近代建筑物。韩国天主教最初的殉教者以尹驰忠为首，许多的天主教信徒守护自己的宗教，殉教的场所依然是很久以前留下来的名胜。虽然是罗马式的建筑，但是中央的钟楼和内部石造柱子是拜占庭式，是韩国最漂亮的教堂之一。虽然对游客们的参观并没有限制，但是诚心、安静是必需的礼仪。

·ADD 全北全州是完山区太祖路51
·TEL 063-284-3222
·WEB www.jeondong.or.kr

在夜景中的殿洞圣堂，
与幽静的美丽邂逅吧！

3

梧木台

沿着分裂于各个方向并不险峻的台阶而上的话，就来到了有樱树和小亭子的小山坡，这就是梧木台。在这里，不仅一眼就能看到全州川和传统韩屋村，而且能看到远处的全州市内景象。到了春天，屋顶瓦被樱花遮掩，夏天，林荫路一片草绿，秋天，花花绿绿的枫叶染红大街，冬天，白雪覆盖传统韩屋村，向下一看都能看到。眼前看到的韩屋，虽然也很漂亮，但是和瓦房并排的韩屋村，远远地眺望的话，更会陷入它的魅力中。

·ADD 全北全州是完山区麒麟大路55
·TEL 063-281-2114

4

庆基殿

庆基殿是供养太祖李成桂画像的地方，供养全州李氏始祖司空公李翰牌位的肇庆庙，和保管朝鲜时代的诸多实录的全州史库等遗址，在这里一起被保存。原来规模比现在更大，由于被日本帝国主义强占，西边地基和附属建筑被拆除，因为在那里建日本人小学，所以一半的正道被日本人占领。路过外三门和里三门的话，就能看到红箭门，因为里面有小的竹丛林，所以更有情趣。看到学生们写作比赛的样子，好像回想起很久以前的记忆。

· ADD 全北全州是完山区太祖路44
· TEL 063-287-1330
· TIME 09:00∽18:00（夏季）09:00∽17:00（冬季）

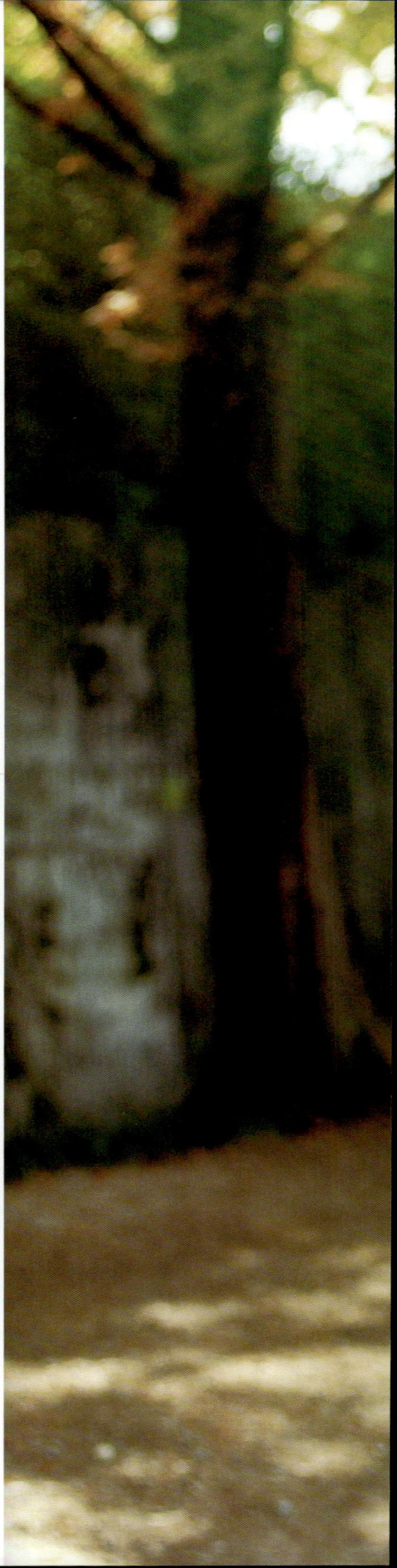

潭阳

DAMYANG

忙绿的日常生活需要放松的时候，想到的最佳旅行地不就是潭阳吗？在这里，连体内空气都能被净化，有让人畅快呼吸的树木，能闻到古树沉香的凉亭，沉醉在与干净的自然和传统的风景相称的潭阳的味道中。

潭阳最有名的就是竹子。从古时候开始就以制作竹制品而闻名，如今用竹子制成的点心、乘凉的扇子和枕头等也是人气飙升。

比竹制品更有名的是潭阳的竹林，比较吸引眼球的有展现竹子方方面面的竹绿园和与自然最接近的潇洒园。

不亚于竹子的，代表潭阳的关键词就是水杉林道。这里是很多电视剧和电影的取景地，春天绿茵茵的树叶摇曳的风景，夏天绿树成荫的光景，秋天铺满枫叶的美景，下雪的冬天又是那样的寂静，总之，是一年四季都很美的一条路。

潭阳旅行推荐路线

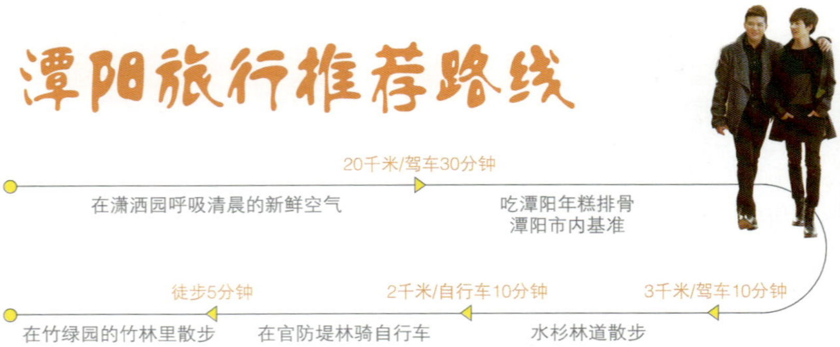

FEELING

#01

森林和树木，治愈系潭阳

“水杉”这个词听起来很陌生，很好奇它会是什么，走到这条美丽的路上便被吓了一跳。

坐着车经过，觉得潭阳的树很多，是一年四季都会很美的地方。如果是秋天到潭阳来的话，会有一种萧瑟的感觉。许多由枫叶和银杏树排成的道路，光站着就觉得自己好像是秋天的男人。是不是有种特别的情调呢?

对水杉林道最满意的地方是挺拔的树木能让眼睛产生放松的感觉，比高耸的建筑更能拉近人与自然的距离。在这被树木包围的美丽的林荫道走一遭，连脑子都会感到特别清爽。

潭阳真是个帅气的地方。潇洒园里树林的空气让人心旷神怡，水杉路成排的树一路延绵，在官防堤林可以徒步或是骑脚踏车去感受树林和宽广的江水。想去潭阳走走，从这个秋天开始吧!

周围全是树木的香气~

散步时不能缺少的就是音乐!
来听听我们的新歌吧!

在水杉路上漫步。

有一种说法是女人如同春天，男人如同秋天，
但我并未有过这种感受。
如果想要感受什么叫做秋天的情趣，
当然是到杉树林道走一遭才能知道。

美丽的小路上飘落着萧瑟的树叶
高大的树木随着季节不同颜色也
会发生变化，
秋天的味道弥漫在全身，这就是
秋天的感觉吧。

有朝一日一定要在秋天再来一次水杉路。
满眼的树木等到白雪覆盖的时候，一定很有异
国风情吧。
和银赫一起来也不错，想要和成员们或是家人、
恋人一起再来一次。

如果需要疗伤，请向潭阳出发

1

水杉林荫小路

在潭阳，虽然以前连接淳昌方向的24国道末端的路许多车可以进入，但现在这里以收过路费的形式来代替限制车辆进出。这样可以让大家尽情享受这里宁静的环境。水杉树是和银杏树还有铁树一起被发现的“活化石”。水杉是在19世纪40年代，由中国群居部落发现的一种从古代保存下来的“活化石”复苏的。以20多米的树高为傲的水杉在林荫小路中显得相当引人注目，在春天，有干枯的树枝长出嫩绿的幼芽；夏天，有满是浓密的绿色叶子；秋天，有闪着红光的枫叶；冬天，有降落在树枝上的白色雪花。就这样，水杉在四季中，以不同的姿态呈现给我们。水杉林荫小路因为位于在全州去往淳昌、光州、木浦等地的交叉路口， 所以不论去哪一所城市，都推荐你顺便去观赏一下。

· ADD 全南潭阳郡潭阳邑水杉路
· TEL 061-380-3154
· PRICE 1000韩元

2

潇洒园

享有所谓“一尘不染”盛名的潇洒园是1530年左右建造的，这个地方是梁山甫先生的别墅。这里所谓的别墅是指书生脱离世俗，开始隐居生活的地方。这里不是特意装饰出来的，而是天然形成的景象和与之形态最为相匹配所建成的亭子，还有房屋，我们称之为庭院而不是园林。园林是按着自然形态造景出来的地方。虽然随着季节更替会呈现各种不同的自然美景，但是在枫叶和竹子相得益彰的冬天，会展现出更为特别的色彩。让我们的冬天浸泡在别墅园林中，向潇洒园出发吧。

· ADD 全南潭阳郡难免潇洒园路17
· TEL 061-382-1071
· TIME 09:00～19:00
· PRICE 1000韩元
· WEB www.soswaewon.co.kr

3

传统饭店

虽然在潭阳一提起最有名的食物就会想起排骨肉饼，但是在全州也有很了不起的传统韩式套餐饭店。虽然干净的韩式套餐是值得引以为豪的，但是，在南道可以品尝韩式套餐的店铺尤为特别。在院子中，排成一排的缸相对着，它可以控制菜的味道，其中，酱味负充当着重要的角色，扑鼻而来的南道菜的味道，使人们在饭桌上吃得十分尽兴。如果你第一次进到饭店，被引领到一间什么都没有的空房间，不要紧张，马上丰厚的大餐就会到来。

· ADD 全南潭阳郡高西面高邑县路38-4
· TEL 061-382-3111
· PRICE 1人份20000~40000韩元

光州

GWANGJU

光之郡、民主之城……光州有很多别名。最近光州又有了不一样的印象，就是开了双年展，成了设计之都。城市的各个角落都蕴藏着设计之光，譬如被照亮的道路或是桥下颇有特色的阶梯。但是光州让设计发光的理由并不是只有单纯的艺术，生活的空间和艺术的空间重叠，成为商人和客人们沟通的空间，这也是年轻的艺术家会聚集在这里的理由。在年轻与艺术、历史与传统交叠的都市光州，心中那份对于艺术的悸动，让人对在这里的时光心存感激。

光州旅行推荐路线2天1夜

第1天

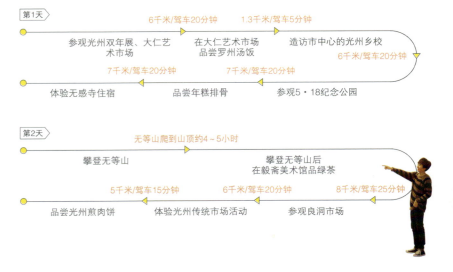

参观光州双年展、大仁艺术市场 → 6千米/驾车20分钟 → 在大仁艺术市场品尝罗州汤饭 → 1.3千米/驾车5分钟 → 造访市中心的光州乡校 → 6千米/驾车20分钟 → 参观5・18纪念公园 → 7千米/驾车20分钟 → 品尝年糕排骨 → 7千米/驾车20分钟 → 体验无感寺住宿

第2天

攀登无等山 → 无等山爬到山顶约4～5小时 → 攀登无等山后在毅斋美术馆品绿茶 → 8千米/驾车25分钟 → 参观良洞市场 → 6千米/驾车20分钟 → 体验光州传统市场活动 → 5千米/驾车15分钟 → 品尝光州煎肉饼

Vatking's World
Solo Exhibition
전시 일정
"Two face"
"Vatking's Party Rock Drawing"
"Red List"
"Vatking's Un-diary"

ENJOY

01

看到的所有东西都能成为艺术，体验大仁艺术市场

市场的新发现！学设计的学生们、对地域发展很关心的人们、还有对大仁市场好奇的人们，一起在市场中探险、感受设计师的作品、参与市场里的各种活动吧。为了能参观到大仁艺术市场最有趣的地方，最先要做的就是找商家买一份有旅行信息的市场地图，然后照着地图去寻找美食、看有意思的画作、发掘市场的古董。现在，就让我们一起来深入了解一下大仁艺术市场吧！

好久没画过画了，
不知道能不能画好。
哥，怎么样？

我也很久没画了。
画也不是这种的，
大仁艺术市场的画是要做成招牌的，
所以要画的像招牌一样吸引眼球。

来到这里，就能看见到处都是形形色色的招牌。
用特殊的纸做的灯挂在路边做装饰，
路边还有小画廊。

好有意思的市场。
在市场里还能看见艺术家的工作室！
好特别啊。

路的一旁有香喷喷的罗州泡饭的味道飘了过来，
那对面有着可供艺术家创作的空间，是充满愉快创意的地方！

那么，我们也在这增添点乐趣吧！来画一个帅气的招牌吧！

2010
대인예술시장프로젝트
SHIN
Super

这是一个人们纷纷沓来的地方。
很好奇大仁艺术市场以后会变成什么样子。

大仁艺术市场

光州市“门庭若市项目”使这里变成了光州第一艺术市场。现在市场中商人变少了，艺术家们通过主办夜市和展览，朝新的艺术领域转型。在这里，我们可以感受夜晚的情趣，也可以买卖独特的道具或是参加各种活动。大仁艺术夜市是个值得来逛一次的、愉快的地方。强烈推荐！

·ADD 光州市东区霁峰路194号街7-1
·TEL 062-233-1421

欣赏引人入胜的画作。

大仁艺术市场的新风潮

市场刮起了新风潮。自从超市如雨后春笋般出现，不论是大都市还是地方，市场都面临着遇冷的状况。为了改变这种状况，光州市开展了“门庭若市项目”，往大仁市场注入年轻的气息。在市场里有常驻艺术家们开的小店，市场商户们制作各种招牌，旨在一起拯救市场。

大仁市场原本是在光州市中心的位置，是个时常人满为患的地方。但是随着都市的变迁，光州市中心的迁移，人流变少，店家陆续关门。现在，艺术家们

大仁艺术市场的可爱招牌

我爱大仁

让看画变有趣的方法!

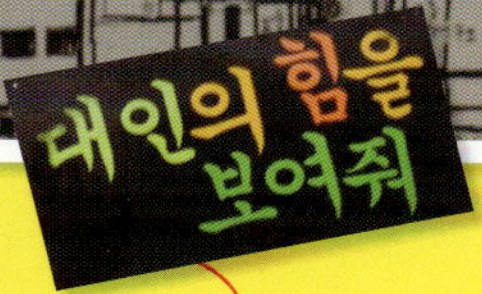

展现大仁的力量

请勿转弯

客人来了，请引导

为市场注入了新的活力。艺术家们回到市场不光希望在市场中打造属于自己的空间，还希望能融入都市人的生活中。通过市场美食地图或是精彩的小册子可以方便游人找到市场的特产，可以让人们能更亲近市场。在平凡的市场小巷中，市民能参与画作的绘制，发挥自己想象力。与络绎不绝到来的年轻人相比，市场的商人生活仍不是很富裕，这样的苦恼至今还在持续。年轻人的到来，彼此愉快的共处，会让大仁艺术市场有怎样的未来，很是让人期待。

那些藏在光州的能够放松心灵的地方

1

无觉寺

无觉寺是在城市里能够体验宁静的住宿氛围的一座寺庙，原本是曹溪宗的寺庙，它属于军事设施。后来军队撤退后，它现在的模样才得以流传。为了给市民们以亲近感，寺庙中开有咖啡馆和资源回收场“宝岛”等。在“双年展”期间，寺庙里还陈列各种艺术作品，使新的空间能够得以利用。

- ·ADD 光州市西区云泉路 230
- ·TEL 062-383-0108
- ·WEB www.mugaksa.or.kr

花一天的时间在城市的寺庙中享受下宁静怎么样?

当你的心灵和身体需要休息的时候，就来这里吧!

2

良洞市场

如果来光州的话，
一定要来吃一次香脆可口的良洞全鸡呀！

良洞市场是在光州最著名的市场，也是在湖南地区最大规模的传统市场。市场里蔬菜、水果、鱼类、工业制品等应有尽有，看点众多。原本这里被很多人渐渐遗忘了，但是由于来买东西、看热闹的人多，市场依旧充满活力。最有名的地方是卢武铉总统曾吃过汤饭的哈那面食店和良洞全鸡店。全鸡店那满满一大盘子鲜嫩美味的鸡肉，吸引了很多顾客。并且这里还可以买到鲜美可口的魟鱼，那里的魟鱼胡同也不能错过哦！一开始会不习惯红鱼的味道，但它很新鲜，质量也很好。

- ADD 光州市西区川边左路238
- TEL 062-366-0884

3

日新月异的光州

光州只有两个五星级酒店，因为靠近市政府和机场，凭借其地理优势能够接近更多的商务客人。这里有各种各样的窗户，并且独具特色。其中，有名的照明专家Alain Guilhot先生设计的灯光照明最引人注目，广受欢迎。Alain Guilhot先生在法国里昂的国际灯光节中，担任过执行总监。韩国套房的装饰模仿传统屋的内室创造设计的，然后根据设计添加了豪华高级的装饰。

- ADD 光州市西区尚武NURI路 55
- TEL 062-610-7000
- WEB www.holidayinngwangju.com

4

光州双年展

用意大利语所说“每两年”的双年展，是指从1995年开始的现代国际美术展览。美术展览通过当代艺术创造所展示的作品，不仅仅是简单地触摸，而是感受和参与其中。在2012年，为了展现其重要性，进行了以其为主题的“圆桌会议”。将要举办的“光州设计双年展”，正在筹备当中。光州双年展变得更加特别的理由是所谓对艺术真挚表情，不只存在于封闭的建筑当中。在街上，在市场的人群之中也能够偶然的发现。

· ADD 光州市北区双年展路111
· TEL 062-608-4114
· WEB www.gwangjubiennale.org

5

毅斋美术馆

毅斋美术馆坐落在无等山山脚下，那里空气新鲜，环境优美，是个极美的地方。毅斋美术馆是为了纪念南宗画派大师毅斋许百炼先生而建立的。美术馆里展示着画家许百炼先生的代表作品、未公开发表的60余幅作品、还有他的遗物。除此之外，还有其他艺术家的作品常设陈列展览。美术馆本身也是赵成龙城市建筑公司的建造大师赵成龙先生利用生态环境保护工艺建成的一个建筑作品。美术馆后面有一个小绿茶园，在那里销售由当地绿茶而制成的饮料“春雪茶”和各种绿茶。路过无等山的人可以一边在这里品尝真正浓香的绿茶味道，一边享受悠闲之旅，感受幸福。

·ADD 光州市东区证心寺路155
·TEL 062-222-3040
·WEB www.ujam.org

当你在远近闻名的无等山下的毅斋美术馆里，喝一杯用绿色栽培而成的绿茶时，你会有一种幸福美满的感觉！

MAKING

#01

装满韩国人自尊心的味道——泡菜

2012年，在光州举办了世界泡菜文化节。很多外国人和本国人参与，制作了各种各样的泡菜，并向全世界宣传了韩国泡菜。泡菜是让韩国人引以为傲的发酵食品，是超棒的健康料理。

我们此次制作的光州泡菜，是由肥沃的湖南平野收获的新鲜蔬菜混合海产物制作而成。好吃的停不下来，不吃蛤蜊的我也暂时忘记偏食，制作过程中一直不停的偷吃。美味的全罗道泡菜一定要亲手腌着吃才能懂它的价值。来光州的话，一定要来挑战一下腌泡菜。

快看！神童哥，瞧瞧！
颜色真是漂亮！

全罗道泡菜是这样的？
向老师讨教过，
全罗道美食的花色都不一样！

光是拌佐料
就已经口水直流。
先尝一下泡菜料的
咸淡吧！
怎么样，哥？

嗯，只要有这个就能吃上一大
碗饭。
很地道，咸淡也正合适！

泡菜料看着很丰盛！
现在就塞进白菜里吧！

均匀地将佐料
涂抹在白菜叶子上。
虽是第一次腌泡菜，
我觉得我很拿手。

我忍不住了。
全做好之前先
来上一口！

白菜腌好之前，
就要全被吃完了。

真的很好吃！
也不会很辣，让白菜很入味的佐料！
这种佐料是用鱼酱和各种食材拌在一起做成的，
非常的美味。光看着就口水直流。

我还以为自己没有下厨的天分，
看来不是嘛。我做得不错吧？

但你不是不吃牡蛎吗？

嗯！意外的觉得还不错。泡菜把牡蛎都变得好吃起来了！

光州乡校

代表光州的乡校能看到层层的瓦屋顶，是个充满感情的地方。色彩鲜明的庭院草坪和韩屋协调又潇洒。为了和市民们沟通，会举办传统婚礼、做泡菜、礼节、书法等各种各样的体验活动。以孩子为对象的传统教育，也常常很活跃。

- ADD 光州市南区中央路107号街5
- TEL 062-672-7008
- WEB www.gjhyanggyo.or.kr

MAKING

#02

让人无法自拔的香喷喷又甜蜜蜜的光州年糕排骨

我超级喜欢年糕排骨！因为想要亲手做着吃，所以满心期待地找到了光州传统文化馆。

不止是我，就连外国人也很喜欢的年糕排骨，在全罗南道的潭阳和花顺以及京畿道的光州和扬州十分出名，不过不知怎么回事，我还是认为光州松亭的才是最棒的。松亭年糕排骨的名字是不是到处都能听到？它起源于宫廷料理，年糕排骨的模样很像年糕，制作的时候，也像在做年糕，所以叫年糕排骨。挑选质量好的肋排，放入对身体有益的材料再放入拌好的酱料，排骨的配料就完成了。年糕排骨的制作方法不容易，但味道绝对让人无法自拔。

哥，我真的很喜欢吃年糕排骨，
像这样自己做着吃还是第一次！

不管怎么说，年糕排骨做起来
真不容易。
跟老师认真讨教以后要再挑战
一次试试。

先拌调料，还得剁肉。

那根前肋排肉有点油，得先把油去掉。
放在毛巾里使劲压，把血水沥干。

乱切就行。哒哒，哒哒，哒哒哒。

手压在刀背中间的部分，
用力地、快速地来回剁。
一直不停地要剁很久，很累人。

都剁好了就把肉和佐料和在一起。已经能闻到好香的味道了。

把肉饼压成像年糕模样的四边形。
现在是最后一步，上烤架去烤吧！

啊！这味道……真是没法忍了。
能快点烤熟就好了。

用大火烤的话，会熟得很快，
但是味道就一般了。
用小火慢慢地烤，烤久一点才会好吃。在烤架上烤上20分钟左右就差不多了，看到肉汁一点点滴下来，看着它慢慢变熟。

都熟了。好吃的美食从香味开始享受，
之后再从口味上来品尝。真的是从香味开始都香香的、软软的，肯定好吃！

真的很好吃！香喷喷的、慢慢品味着。
一想起这年糕排骨就想再来光州一次！

啊！要怎么表达这味道呢？

在嘴里慢慢融化！

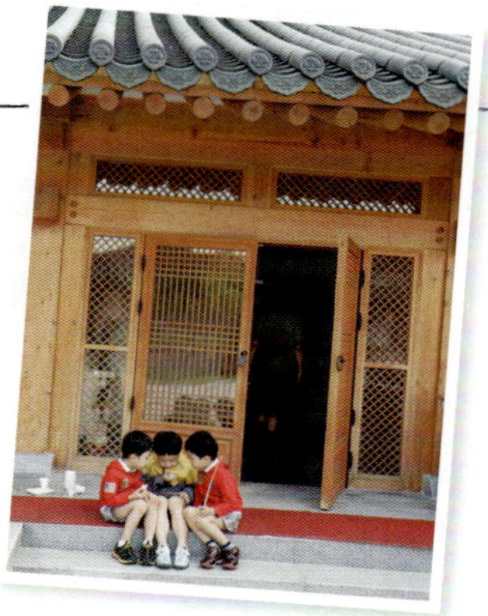

光州传统文化馆

位于无等山入口位置的光州传统文化馆，是可以体验光州任何东西的地方。无形文化遗产板索里、茶道、传统乐器、做糕、传统游戏等，都可尽兴享受其多种展示和体验。确定到访日期后，可以参与在光州传统文化馆开展的各种活动。

· ADD 光州市东区毅齐路222
· TEL 062-232-1501

TASTING

#01

细腻的口感和清淡的味道，迷人的光州美味——煎肉饼

在光州遇到的新味道——煎肉饼！在电视里看过很多次，但吃还是第一次。在首尔吃得到煎肉饼的地方真是少之又少。煎肉饼是用新鲜的牛肉裹上蛋液，煎熟之后用盐调味，或是和凉拌菜一起，包菜吃的一种食物。起初我以为这只是个普通的料理，吃了之后才被惊吓到！十里飘香的那味道！代表光州的料理——煎肉饼，对我来说，也成了代表光州的味道的食物。

我也是第一次吃煎肉饼！

哇哦！哥，好特别。
吃吃看这个食物？

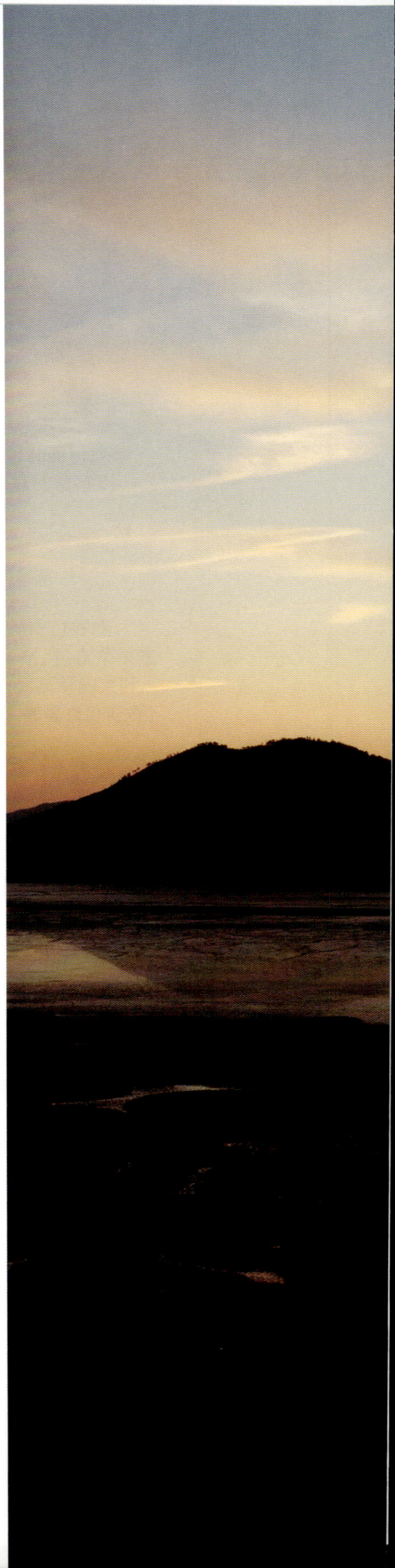

顺天

SUNCHEON

顺天是最能体会大自然妙趣的城市。韩国最大的生态观光地顺天正式纳入国际湿地公约，成为世界的顺天。顺天还成为世界五大沿岸湿地，去年一年来此旅行的旅客近260万名。宽阔的沙滩上生长着长头鱼，碧蓝的天空中候鸟成群，风景如画。还有望不到尽头的芦苇荡。我们在保护如此美好的生态界的同时，让我们的身体和心灵也能回归自然。顺天靠一个顺天湾就能充分地体现出价值，另外还有海岸边丰富的食物、开放摄影场和乐安邑城的特别风景又是另一番风味。

顺天旅行推荐路线

曹溪山松广寺体验放松

24千米/驾车40分钟

乐安邑城散步

25千米/驾车40分钟

品尝顺天蟹酱

1千米/驾车5分钟

开放摄影场拍张纪念照片

13千米/驾车25分钟

顺天湾自然生态公园欣赏夕阳

FEELING

01

火红的夕阳和金黄色的芦苇浑然一体——顺天湾

美丽的夕阳映衬下，展现在眼前的是韩国最大的、只有顺天才有的沿岸湿地。这里秋天芦苇荡漾的时候最美丽。夕阳落在铺满芦苇的湿地，红色和金黄色交融在一起的景色着实壮观。坐芦苇列车也很有意思，或是在周围转转，到龙山瞭望台，这里才是欣赏顺天湾景色最彻底的地方。

顺天湾自然生态公园

·ADD 全南顺天市顺天湾路513-25 ·TEL 061-749-4007 ·TIME 08：00~日落后1小时，17:00以后限制进入
·PRICE 成人2000韩元，芦苇列车1000韩元 ·WEB www.suncheonbay.go.kr

顺天好玩的地方

1

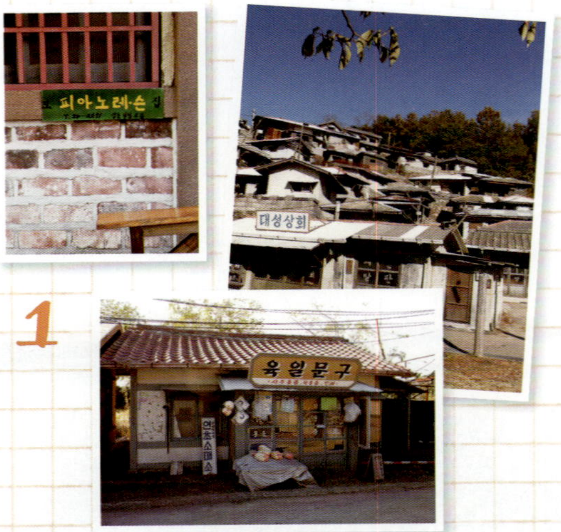

顺天公开拍摄场

顺天市将韩国20世纪50年代后期的小都市和60年代中期的繁华风景直接搬到拍摄场，从入口开始在电视剧中看到的商店和房屋比比皆是。山坡上的小街道、繁华的剧场和市场，是无数电视剧的取景地。艺术家们通过考证再现昔日情景，超出了单纯的风景，更是具有文化价值的地方。

- ADD 全北顺天市Biryegol街24
- TEL 061-749-4003
- WEB scdrama.sc.go.kr

2

香郁浓烈味道的蟹黄酱！是很能下饭的食物！

鹤云亭

这里是南部饮食的代表。可以品尝到蟹酱，价格也公道。因为1人份也可以买，所以很适合独自出行的旅客。新鲜、有点咸的同时渗出蟹黄的甜味，啧啧称奇的蟹黄酱鲜明的颜色，作为配菜登场的佐料蟹酱也是在首尔吃不到的味道。

- ADD 全南顺天市白岩路46
- TEL 061-722-8678
- PRICE 蟹酱套餐1人份15000韩元

Experience Note

在全罗道拍摄影视剧的场所

看电影的时候常会出现一片让人着迷的树林，或电视剧里也会出现引人注目的美丽的大海。这些让人向往的地方都在全罗道。有很多游客也因此来到这里。现在我就来介绍这些影视剧中出现过的美丽地方。

可以看到韩国古代的样貌!

顺天公开拍摄场

20世纪50年代后期的小都市和60年代中期的繁华街，贫民村拍摄场。是《狼族少年》《爱情和欲望》《首尔1945》等的取景地。

- ADD 全南顺天市Biryegol街24
- TEL 061-749-4003
- WEB scdrama.sc.go.kr

全州乡校

珍藏朝鲜时代历史的乡校，《成均馆绯闻》《YMCA棒球队》拍摄地。

- ADD 全北全州市圆山区乡校街139
- TEL 063-281-2168

全州 前洞教堂

湖南地区最早的圣堂。
是《约定》《田禹治》《神父教育》等的拍摄地。

- ADD 全北全州市圆山区太祖路51
- TEL 063-284-3222
- WEB www.jeondong.or.kr

全州 庆基殿

供奉皇帝的地方。是《光海，成为王的男人》，《普通的恋爱》等的取景地。

- ADD 全北全州市圆山区太祖路44
- TEL 063-287-1330

群山 新兴洞日式房屋

日式庭院和房屋。是《将军的儿子》《老千》等的拍摄地。

- ADD 全北群山市九灵1街17
- TEL 063-450-6110

高敞邑城

韩国最棒的竹林。是《王的男人》《黄真伊》《推奴》等的拍摄地。

- ADD 金北高敞郡高敞邑板索里路20
- TEL 063-560-2710

扶安 拍摄主题公园

拍摄历史剧专用的主题公园。是《拥抱太阳的月亮》《李算》《天命》的拍摄地。

- ADD 全北扶安郡边山面格普路309-64
- TEL 063-583-0978

光阳 梅花村

因梅花树著名的地方。是《醉画仙》等拍摄地。

- ADD 全南光阳市多鸭面木路34-2
- TEL 061-772-9494

谷城 蟾津江火车村

再现20世纪60年代的村庄。是《太极旗飘扬》《京城绯闻》等的拍摄地。

- ADD 全北谷城郡梧谷面火车村路232-1
- TEL 061-363-6174

忠清道

CHUNGCHEONGDO

山、溪谷、大海与海岸相融的忠清道，令人很容易想到忠州和青州，忠清道的中心也是韩国的中心大田市，“行政中心城市”世宗市、鸡龙山环绕的古百济首都公州、莲花之都扶余、以美容泥浆节闻名的保宁、环海的泰安。在忠清道旅行最大的优势就是内陆风景与海边风景能同时感受到。在这里，你能够感受鸡龙山丹枫的美以及潭阳八景的妙，还能品尝泰安和安眠岛虾贝的美味。另外，在泰安和安眠岛，还能够体验很多度假项目，例如ATV、生存游戏、跳伞滑翔等。

FEELING

#01

秋季旅行的新发现——公州

秋天去公州，才能感受到公州真正的魅力。这是因为，位于公州和大田连接处的鸡龙山丹枫把公州渲染得更美。鸡龙山由于形状像鸡冠而得名，去往鸡龙山的路仿若一幅画。走过布满银杏树的小路，便到达了鸡龙甲寺，阳光照射下的丹枫和山脊，那才真是叫做绝景。作为古代百济首都又被称为熊津的公州，有很多历史文化遗产。作为古都熊津的象征——公山城，能够展现出百济的雄伟感，在武宁王陵，能够看到百济时代华丽的历史。和众所周知的新罗文化相比，在公州能够看到很少人知道的百济文化，这也是公州引以为傲的特色。最近，由于韩屋村、陶艺村和生态公园等地，来公州旅行的人更多了。

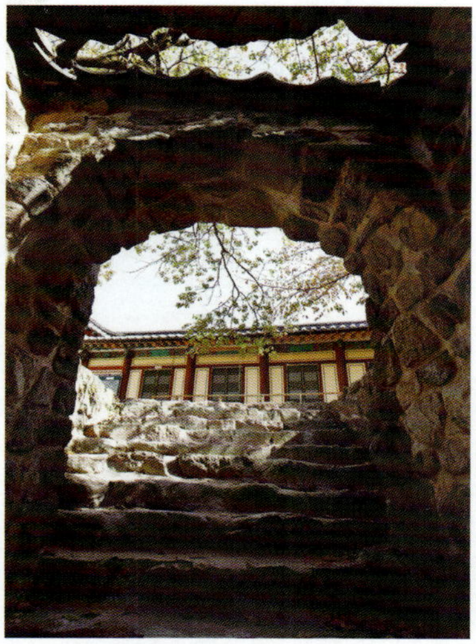

鸡龙甲寺

位于鸡龙山山脚的甲寺，作为寺庙是非常有名的，但是去寺庙的路上，那些美丽的秋季丹枫，更让人陶醉。这座寺庙建立于统一新罗时代，周围有很多古树，显得别有韵味。从入口一柱门走向四天王门的路上，能够看到很多古树和丹枫，还能够感受到鸡龙山新鲜的空气，到甲寺溪谷和黄瓜林后，低矮的丹枫和森林更像是一幅画。甲寺的悠然之感以及悠久的历史，吸引了很多游人。加上这里设有寺庙住宿项目，如果是日常休假，很适合来这里。

· ADD 忠南公州市鸡龙面甲寺路567-3
· TEL 041-857-8981
· PRICE 成人2000韩元，儿童700韩元，停车费4000韩元
· WEB www.gapsa.org

鸡龙山陶艺村

曾经，韩国的陶瓷艺术很优秀，但是经历了万历朝鲜战争和朝鲜日治时期，削弱了陶瓷艺术的命脉。但是在公州还存有延续陶艺灵魂的匠人。走过鸡龙山弯弯曲曲的路，可以进入陶艺村，这里有10名左右的陶艺家，在这里可以体会制作陶器等。起初，这里是为了复原青瓷和白瓷中间时期1500年制造的铁化粉青砂器而建立的地方，现在则在继续进行着创意复原作业，努力想要向人们展现铁化粉青砂器的美。强化了地方特色的陶艺村在不停发展中，想要通过游客增强自己的位置，如果你想领略陶瓷的美，就来这里吧。

· ADD 忠南公州市反浦面上新里

FEELING

#02

让大海的味道浸入心扉的泰安

被大海包围的泰安郡有韩国唯一的海岸国立公园，这里能够看到美丽的大海和大大小小的岛屿，吸引了很多游客。在安眠岛能够感受到天然松林的韵味，在花地海水浴场、万里浦海水浴场、梦山浦海水浴场等地感受完海水浴后，再来到充满树香的修养林，没有比这更舒服的了。这里离首尔很近，所以很多人会来这里。春天有郁金香节，夏天有莲花节，秋天有大虾节，冬天有晚霞节等。

花地海水浴场

老在海岸柔软的沙滩上更能感受到大海的味道了！

这里夕阳染红海面的景色很有名，水温适宜，夏天可以来直接感受大海，秋天的夕阳西下则更美。传说这里是老爷爷岩石和老奶奶岩石故事的出处。落潮的时候可以到老爷爷岩石和老奶奶岩石附近去看看，还能看到漂亮的虾贝和石子。走在海水浴场柔软的沙滩上，心情也格外舒畅。

- ADD 忠南泰安郡安眠邑花地海岸路400
- TEL 041-673-1061

安眠岛自然休养林

这里是韩国唯一的松树天然林，这里的树树龄大概有100年左右。树的清香和满眼的绿色，让人心情也跟着清爽起来。对面的树木园也装饰的很别致，韩国传统庭院牙山园，和韩国唯一的专门氧气植物温室，在安眠岛发现的珍贵落叶藤蔓植物鬼熊柳，七种颜色华丽的山踯躅园，永远都是绿色的常青园等，多种多样的花和树构成的树木园让这里显得更加华丽。

- ADD 忠南泰安郡安眠大路3195-6
- TEL 041-674-5019
- TIME 09:00~18:00（3~10月），09:00~17:00（11月~次年2月）
- PRICE 成人2000韩元，儿童700韩元，停车费4000韩元
- WEB www.anmyonhuyang.go.kr

海城牡蛎汤饭

牡蛎被称为海洋牛奶，富含多种营养素。泰安的汤饭很有名，在很多饭店主菜单中都有牡蛎汤饭，其中最有名的是海城石锅牡蛎汤饭。石锅内放上豌豆和蔬菜，既美味又营养。牡蛎葱饼还可以作为下酒菜，里面放有很多牡蛎，吃起来很过瘾。

- ADD 忠南泰安郡南面岩石路57
- TEL 041-675-4036
- PRICE 营养牡蛎汤饭·牡蛎葱饼10000韩元

FEELING

#03

庆典之都——保宁

以美容泥浆节闻名的保宁好像，是忠清南道最吸引国外游客的地方。美容泥浆节和大川海水浴场，多样的生态运动项目让这里充满活力。长达136千米的保宁海水浴场，其黄土在美容泥浆节等庆典中很有人气。另外，在保宁，让人印象最深的是海水浴场，这里有东方唯一的贝壳海水浴场——大川海水浴场，除此之外还有武昌浦海水浴场、以丘陵为特色的元山岛海水浴场。在庆典和海水浴场丰富的保宁，你会度过很轻松愉快的旅行。在炎热的夏季，来保宁的海水浴场避暑吧！

大川海水浴场

这里是忠清道最有名的海水浴场，这里有着非常热闹的气氛。作为东方唯一的贝壳海水浴场，贝壳铺满沙滩，闪着白色光芒。这里水温适中，波涛温和，这里还有很多庆典，无论什么时候来到这里，都不会感到无聊。要不要来大川海水浴场避暑呢？

· ADD 忠南保宁市泥浆路123
· TEL 041-933-7051
· WEB www.daechonbeach.or.kr

开化艺术公园

保宁市内有包括香草园、音乐堂等5万余坪大小规模的艺术公园，走进之后，最吸引眼球的是磨扇美术馆橘黄色的屋顶，这里有世界上仅有的乌石。宽广的香草园，鱼儿在水里自由游荡，香草和花、植物相容的绿色空间。鼻中弥漫着香草的香气，心情变得非常清爽。香草园和四季无关，风景引人入胜。

· ADD 忠南保宁市圣住面圣住山路689
· TEL 041-933-6187
· WEB www.gaehwaartpark.com

青所站

这里长项线历史最悠久，长项线在1931年开通，贯通忠南西南部，起到了交通枢纽的作用。青所站每天运行8列列车，每天人流量大概有20名，是一个小规模车站。但是车站历史悠久，其建筑风格保留了老人们的记忆，还能够给年轻人们展现出历史的样貌。如果想看一看古朴淡雅的火车站风景就来青所站看看吧。

· ADD 忠南保宁市青所面青所大路334
· TEL 1544-7788

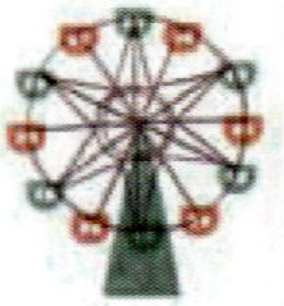

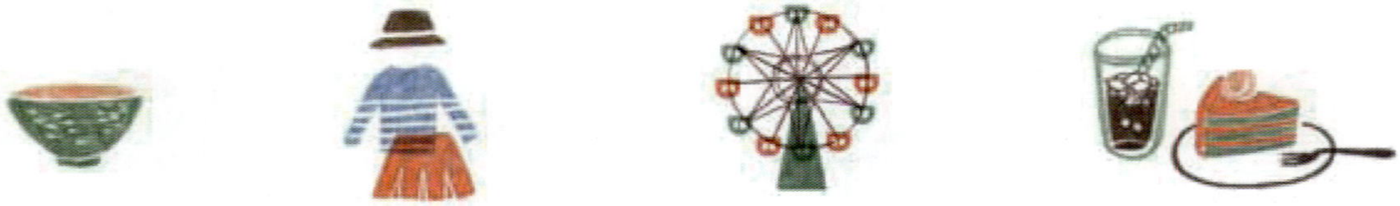

首尔、京畿道

达克斯埃米斯的玛丽老师、林木照相馆的总经理金贤植先生、沙龙弗洛雷斯的总经理朴时任先生、青海镇海运的副总经理金正浩先生、新浦国际市场主任朴镇成先生、漂亮法国店副总经理袁有旭先生、年轻的草莓农场的郑相勋先生

江原道

休闲体育运动协会代表李相益先生、阿里海尔斯渡假村主任卞勇奎先生、韩国铁路观光开发部主任赵景贤先生、特拉罗素咖啡店的总经理姜升明先生和主任李铉主先生、江原海上冲浪俱乐部的总经理车成业先生、蓝天寄宿学校董事长李奎正先生、乐活族康乐公园的部长尹烈先生

全罗道

全州市政府主任赵英浩先生、全州传统酒教育馆科长李智贤先生、全州传统文化进修院负责人金孝尹先生、光州市观光振兴科科长闫方烈和主管李韩泰先生、观光协会负责人金孝润先生、光州乡校的金分任、崔勇深、金真喜、李顺姬、金正任等老师、画家朴仁善先生和朴用贤先生、光州市非物质文化遗产饮食家李爱燮老师、非物质文化传授人金贤真先生、光州传统文化馆 负责人姜香美女士、度假光州宾馆负责人、韩城宾馆负责人、毅斋美术馆负责人、光州大仁艺术市场项目组

庆尚道

庆州千禧年新罗公园产业计划组负责人李孝恩女士、瑶石宫餐馆的各位相关人士、骨窟寺法师梁斗锡先生、统营市观光科负责人赵树龙先生、游艇俱乐部董事长刘昌万先生、海鞘董事长李尚喜先生、釜山社稷棒球场乐天巨人棒球职业队、芬翁画廊的设计师吴尚烈先生、沙斯里克烤肉店理事长允志勋先生

济州岛

乐天免税店负责人吴有静先生，上孝芒果农场负责人杨薛亮先生，哈姆PD家石屋招待所负责人崔正恩女士和善潘先生、迎太阳歇脚海鲜饭店的相关人士、韩国保罗郊野竞技集团副董事长李在亨先生、OSULLOC茶博物馆负责人

图书在版编目（CIP）数据

SUPERJUNIOR的韩国游记. 上 /（韩）SUPERJUNIOR著；李欣爱，颜青译. -- 南京：江苏美术出版社, 2014.3
ISBN 978-7-5344-6975-6

Ⅰ. ①S… Ⅱ. ①S… ②李… Ⅲ. ①旅游指南－韩国
Ⅳ. ①K931.269

中国版本图书馆CIP数据核字（2013）第263764号

出 品 人 周海歌

策划编辑 李 欣
责任编辑 曹昌虹
特约编辑 李海露
装帧设计 北京水长流文化发展有限公司
责任监印 朱晓燕

出版发行 凤凰出版传媒股份有限公司
江苏美术出版社（南京市中央路165号 邮编：210009）
北京凤凰千高原文化传播有限公司
出版社网址 http://www.jsmscbs.com.cn
经 销 全国新华书店
印 刷 深圳市彩之欣印刷有限公司
开 本 889mm×1194mm 1/16
字 数 120千字
印 张 20
版 次 2014年3月第1版 2014年3月第1次印刷
标准书号 ISBN 978-7-5344-6975-6
定 价 168.00元

营销部电话 010-64215835－801
江苏美术出版社图书凡印装错误可向承印厂调换 电话：010-64215835－801